書いて覚える！
いちばんやさしい 韓国語 練習ノート

単語フレーズ編

監修：石田美智代

Korean exercise notebook

永岡書店

目次

発音の基本 〜単語を覚える前に〜
- 基本母音 ･･････････････････ 4
- 半母音 ････････････････････ 5
- 二重母音 ･･････････････････ 5
- 基本子音（平音）････････････ 6
- 激音 ･･････････････････････ 7
- 濃音 ･･････････････････････ 7
- 発音の変化 ････････････････ 8

PART 1　キホンの単語を覚えよう
- 人を表す ･･････････････････ 10
- 位置を表す ････････････････ 14
- 数を表す ･･････････････････ 16
- 助数詞を覚えよう ･･････････ 20
- ときを表す ････････････････ 22
- 疑問詞を覚えよう ･･････････ 28

PART 2　身近な単語を覚えよう
- 家にあるもの ･･････････････ 30
- 仕事と遊び ････････････････ 36
- 自己紹介をしてみよう ･･････ 44
- 体の部位 ･･････････････････ 46
- 地理／自然 ････････････････ 48

PART 3　シーン別単語を覚えよう
- 街なかで ･･････････････････ 50
- 移動 ･･････････････････････ 54
- 宿泊 ･･････････････････････ 58
- ショッピング ･･････････････ 62
- 観光 ･･････････････････････ 70
- レストラン ････････････････ 76
- 形容詞を覚えよう ･･････････ 84
- 動詞を覚えよう ････････････ 86
- 変則活用 ･･････････････････ 88
- そのまま覚えるかんたん表現 ･･ 90

ハングルの基本

韓国語に使われる文字のことを「ハングル」と呼びます。ハングルは子音と母音のパーツの組み合わせでできている表音文字なので、構成するパーツの音がわかれば、その文字を読むことができるようになります。子音と母音の組み合わせパターンを見てみましょう。

●左右（子音＋母音）の組み合わせ

子音s（「さ」行）　ㅅ ＋ ㅏ 母音a（あ） ＝ 사 sa（さ）

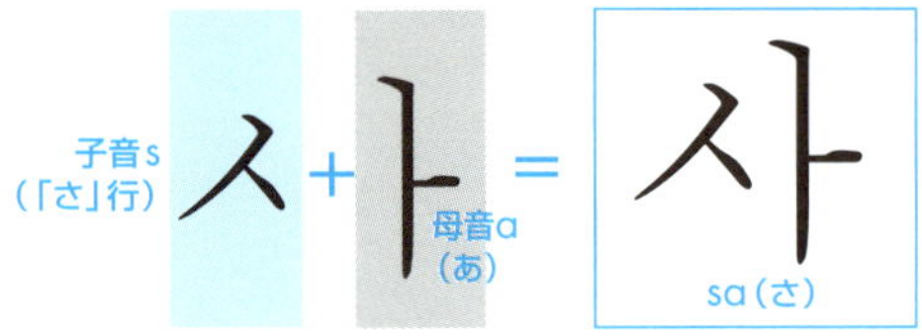

●上下（子音＋母音）の組み合わせ

子音s（「さ」行）　ㅅ ＋ ㅗ 母音o（お） ＝ 소 so（そ）

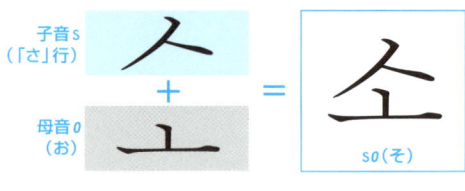

パッチム

左右、もしくは上下に組み合わせた子音と母音の下に、さらに子音がつく場合があります。この、最後につく子音のことを「パッチム」と呼びます。

●左右＋子音の組み合わせ

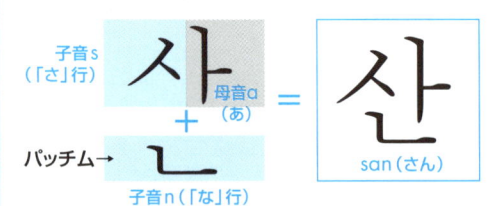

子音s（「さ」行）　ㅅ ＋ ㅏ 母音a（あ）　パッチム→ ㄴ 子音n（「な」行） ＝ 산 san（さん）

●上下＋子音の組み合わせ

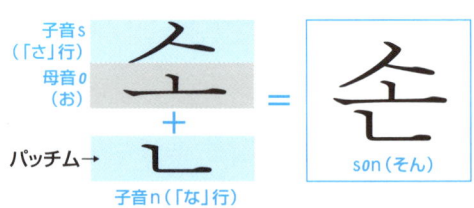

子音s（「さ」行）　ㅅ ＋ ㅗ 母音o（お）　パッチム→ ㄴ 子音n（「な」行） ＝ 손 son（そん）

本書の使い方

本書では、読み方を確認しながら韓国語の単語を書き込み、名詞を中心とする単語を身につけていきます。

PART 1 の、ごく基礎的な単語から始め、PART 2 では身近なもの・ことを表す単語を、PART 3 では、さまざまな単語を場面ごとに覚えましょう。

また、身につけた単語を組み合わせて使える便利な「さしかえフレーズ」や、定番表現として使える「そのままフレーズ」もありますので、単語だけでなく、かんたんなフレーズも身につけることができきます。

巻末には、よく使うおもな形容詞・動詞と、そのまま覚えて役立つあいさつなどの表現をまとめました。

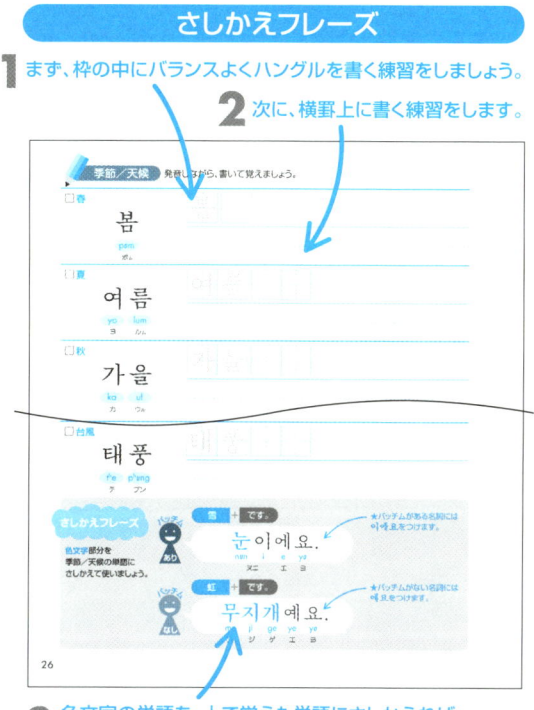

さしかえフレーズ

1 まず、枠の中にバランスよくハングルを書く練習をしましょう。

2 次に、横罫上に書く練習をします。

3 色文字の単語を、上で覚えた単語にさしかえれば、フレーズのバリエーションが広がります。

●ハングル一覧表

基本子音（平音）(p.6参照)と基本母音(p.4参照)の組み合わせ一覧表です。韓国語の基礎的な字と音を、ここでひととおり確認しておきましょう。

↓基本子音 / 基本母音→	ㅏ a	ㅓ o	ㅗ o	ㅜ u	ㅡ u	ㅣ i	ㅔ e	ㅐ e
ㄱ k(g)	가 ka	거 ko	고 ko	구 ku	그 ku	기 ki	게 ke	개 ke
ㄴ n	나 na	너 no	노 no	누 nu	느 nu	니 ni	네 ne	내 ne
ㄷ t(d)	다 ta	더 to	도 to	두 tu	드 tu	디 ti	데 te	대 te
ㄹ l	라 la	러 lo	로 lo	루 lu	르 lu	리 li	레 le	래 le
ㅁ m	마 ma	머 mo	모 mo	무 mu	므 mu	미 mi	메 me	매 me
ㅂ p(b)	바 pa	버 po	보 po	부 pu	브 pu	비 pi	베 pe	배 pe
ㅅ s	사 sa	서 so	소 so	수 su	스 su	시 si	세 se	새 se
ㅇ ゼロ(ng)	아 a	어 o	오 o	우 u	으 u	이 i	에 e	애 e
ㅈ ch(j)	자 cha	저 cho	조 cho	주 chu	즈 chu	지 chi	제 che	재 che

※2種類ある「o」と「u」の発音表記は、発音の区別がしやすいように書体を変えています。

発音の基本 ～単語を覚える前に～

基本母音

韓国語の母音は全部で21個ありますが、基本となる母音は次の8つです。音がない子音（ゼロ子音「ㅇ」）（p.6参照）を組み合わせて、発音を見ていきましょう。

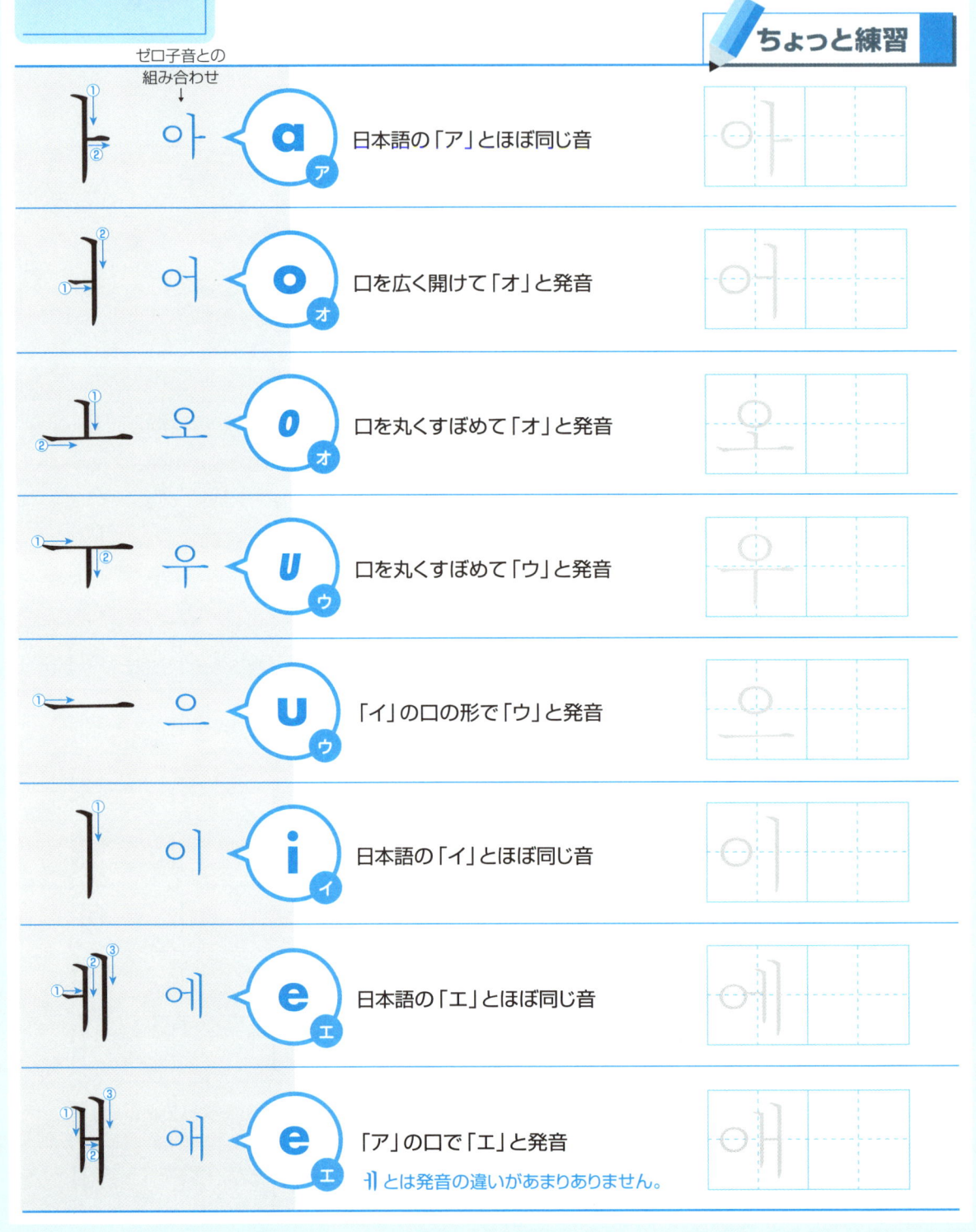

ちょっと練習

母音	ゼロ子音との組み合わせ	発音	説明
ㅏ	아	a (ア)	日本語の「ア」とほぼ同じ音
ㅓ	어	o (オ)	口を広く開けて「オ」と発音
ㅗ	오	o (オ)	口を丸くすぼめて「オ」と発音
ㅜ	우	u (ウ)	口を丸くすぼめて「ウ」と発音
ㅡ	으	u (ウ)	「イ」の口の形で「ウ」と発音
ㅣ	이	i (イ)	日本語の「イ」とほぼ同じ音
ㅔ	에	e (エ)	日本語の「エ」とほぼ同じ音
ㅐ	애	e (エ)	「ア」の口で「エ」と発音。ㅔとは発音の違いがあまりありません。

※韓国語らしい発音のためには、2種類ある「o」と「u」を区別することが重要です。本書では、ローマ字の書体を変えて発音を表記しています。

発音の基本

半母音

基本母音に短い横棒や縦棒をプラスすると「ヤ行」の音の母音に、また、2つ以上の基本母音を組み合わせると「ワ行」の音の母音になります。これらは半母音と呼ばれ、それぞれ6つずつあります。

▼「y」(ヤ行)の母音

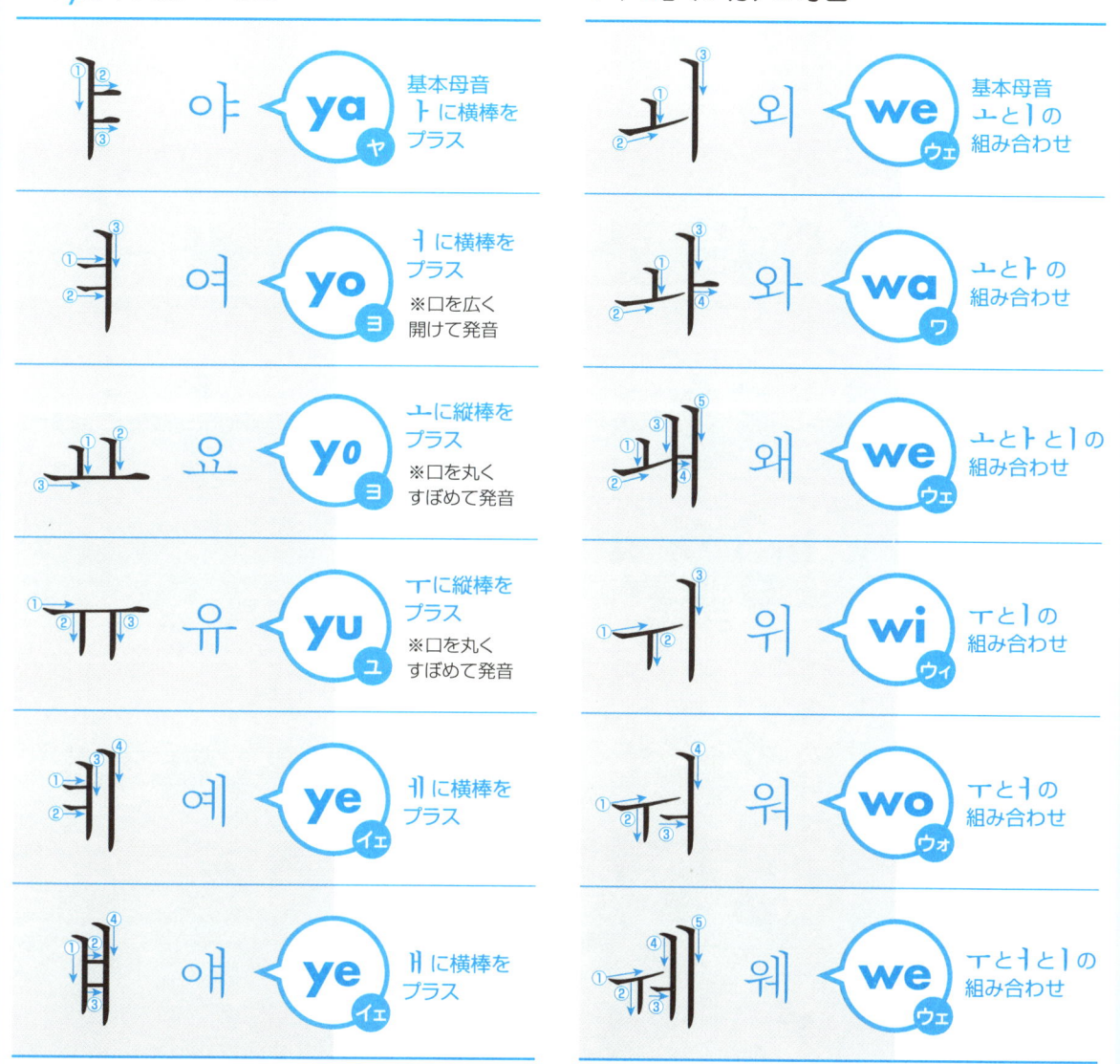

ㅑ	야	ya (ヤ)	基本母音ㅏに横棒をプラス
ㅕ	여	yo (ヨ)	ㅓに横棒をプラス ※口を広く開けて発音
ㅛ	요	yo (ヨ)	ㅗに縦棒をプラス ※口を丸くすぼめて発音
ㅠ	유	yu (ユ)	ㅜに縦棒をプラス ※口を丸くすぼめて発音
ㅖ	예	ye (イェ)	ㅔに横棒をプラス
ㅒ	얘	ye (イェ)	ㅐに横棒をプラス

▼「w」(ワ行)の母音

ㅚ	외	we (ウェ)	基本母音ㅗとㅣの組み合わせ
ㅘ	와	wa (ワ)	ㅗとㅏの組み合わせ
ㅙ	왜	we (ウェ)	ㅗとㅏとㅣの組み合わせ
ㅟ	위	wi (ウィ)	ㅜとㅣの組み合わせ
ㅝ	워	wo (ウォ)	ㅜとㅓの組み合わせ
ㅞ	웨	we (ウェ)	ㅜとㅓとㅣの組み合わせ

※2種類ある「yo」の発音表記は、発音の区別がしやすいようにローマ字の書体を変えています。
※半母音は子音と結合する場合などに、単純化して発音されることもあります。

二重母音

韓国語の母音にはもう1つ、半母音とは違う、「u」と「i」を組み合わせた二重母音があります。

ㅢ	의	ui (ウィ)	ㅡとㅣの組み合わせ ※ひと息に「ウ」と「イ」を発音

基本子音（平音）

韓国語の子音は全部で19個ありますが、そのうち基本子音は次の9つです（これらは平音とも呼ばれます）。では、母音「ㅏ（a）」を組み合わせて、発音を見ていきましょう。

ちょっと練習

母音（a）との組み合わせ ↓

子音	組み合わせ	発音	説明
ㄱ	가	ka（カ）	「カ行」の音　語中では濁って「ガ行」の音になります。
ㄴ	나	na（ナ）	「ナ行」の音
ㄷ	다	ta（タ）	「タ、ティ、トゥ、テ、ト」の音　語中では濁って「ダ、ディ、ドゥ、デ、ド」の音になります。
ㄹ	라	la（ラ）	「ラ行」の音
ㅁ	마	ma（マ）	「マ行」の音
ㅂ	바	pa（パ）	「パ行」の音　語中では濁って「バ行」の音になります。
ㅅ	사	sa（サ）	「サ行」の音
ㅇ	아	a（ア）	音がないゼロ子音なので、母音そのままの音になります。※パッチムのときは「ng（ン）」と発音します。
ㅈ	자	cha（チャ）	「チャ行」の音　語中では濁って「ジャ行」の音になります。

発音の基本

激音

韓国語には、息を強く吐き出して発音する子音が5つあります。これらは激音と呼ばれます。

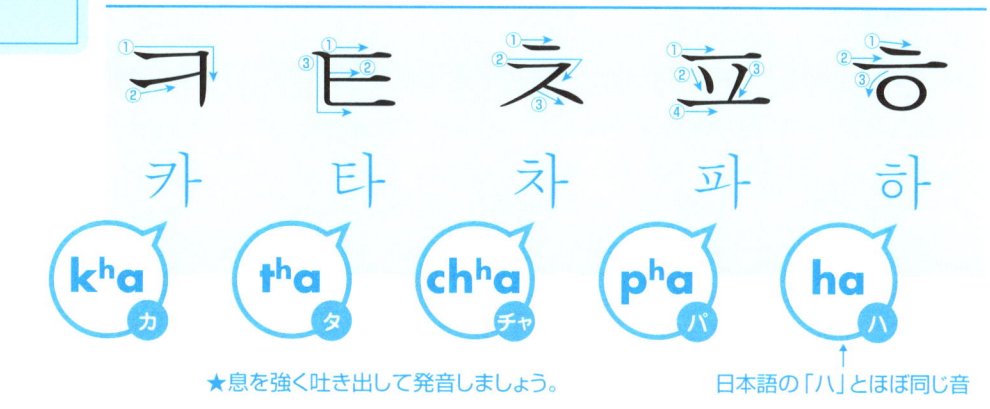

ㅋ   ㅌ   ㅊ   ㅍ   ㅎ
카   타   차   파   하
kʰa (カ)   tʰa (タ)   chʰa (チャ)   pʰa (パ)   ha (ハ)

★息を強く吐き出して発音しましょう。　　日本語の「ハ」とほぼ同じ音

濃音

激音とは反対に息を出さずに、のどをしめつけるように発音する子音が5つあります。これらは濃音と呼ばれます。

ㄲ   ㄸ   ㅉ   ㅃ   ㅆ
까   따   짜   빠   싸
kka (ッカ)   tta (ッタ)   ccha (ッチャ)   ppa (ッパ)   ssa (ッサ)

★息を出さずに、のどをしめつけるように発音しましょう。

パッチムの発音

パッチムは次の7種類で発音されます。日本人の耳には促音（小さい「ッ」）や撥音（ン）などのように聞こえる音ですが、それぞれ発音は異なります。パッチムの音の区別には、息の通り方や舌の位置を意識することが大切です。「가（ka）」にパッチムをつけた例を見てみましょう。

	息を止める（または出す）位置			舌先を上あごにつけたまま発音
	のど	歯	唇	
「ッ」（息を止める）	각 (kak)	갇 (kat)	갑 (kap)	갈 (kal)
パッチム	ㄱ／ㅋ／ㄲ	ㄷ／ㅅ／ㅈ	ㅂ／ㅍ／ㅃ	ㄹ
「ン」（息を出す）	강 (kang)	간 (kan)	감 (kam)	※「ッ」でも「ン」でもない「l」で終わる音です。母音をつけて「lu（ル）」と発音しないように。
パッチム	ㅇ	ㄴ	ㅁ	

発音の変化

韓国語の特徴は、子音で終わる文字があることです。次に来る文字が母音で始まる場合、子音で始まる場合、それぞれに書かれた文字とは違う発音で読むことがあります。

音がくっつく　連音化（れんおんか）

パッチムがある文字に、音のない子音で始まる（母音で始まる）文字が続くと、パッチムが次の文字の母音とくっついて発音されます。

음 ＋ 악 ＝ 음악（音楽）

um　ak → u ma k
ウㇺ　アㇰ　ウマㇰ

「ン」の音になる　鼻音化（びおんか）

発音のグループが「ㄱ（k）」「ㄷ（t）」「ㅂ（p）」のパッチムに、鼻から抜ける音「ㄴ」「ㅁ」が続くと、パッチムが「ン（ng、n、m）」の音に変化します。

식 ＋ 물 ＝ 식물（植物）

sik　mul → sing mul
シㇰ　ムル　シンムル

「ㄱ」「ㄷ」「ㅂ」の発音グループのパッチムに「ㄹ」が続くと、「ㄱ」「ㄷ」「ㅂ」＋「ㄴ」になります。

협 ＋ 력 ＝ 협력（協力）

hyop　lyok → hyom nyok
ヒョㇷ゚　リョㇰ　ヒョㇺニョㇰ

「ㅁ（m）」「ㅇ（ng）」のパッチムに「ㄹ」が続くと、「ㄹ」が「ㄴ」の音に変化します。

장 ＋ 래 ＝ 장래（将来）

chang　le → chang ne
チャン　レ　チャンネ

「ラ行」の音になる　流音化（りゅうおんか）

「ㄴ（n）」のパッチムに「ㄹ」、または「ㄹ（l）」のパッチムに「ㄴ」が続くと、それぞれの「ㄴ」が「ㄹ」の音に変化します。

편 ＋ 리 ＝ 편리（便利）

pyon　li → pyol li
ピョン　リ　ピョㇽリ

発音の基本

語中で音が濁る
有声音化（ゆうせいおんか）

韓国語の子音「ㄱ」「ㄷ」「ㅂ」「ㅈ」は、語頭では濁らない音（k、t、p、ch）に聞こえますが、語中では濁った音（g、d、b、j）に聞こえます。

부 ＋ 부 ＝ 부부（夫婦）
pu　　pu　→　pu bu
プ　　プ　　　プブ

語中で音が濁らない
濃音化（のうおんか）

つまる音のパッチム（「ㄱ」「ㄷ」「ㅂ」の発音グループ）に、語中では濁って発音する「ㄱ」「ㄷ」「ㅂ」「ㅈ」が続くと、語中でも濁らず、濃音（p.7参照）に変化します。

국 ＋ 도 ＝ 국도（国道）
kuk　　do　→　kuk tto
クゥ　　ド　　　クゥト

※語中では濁らない「ㅅ」も、つまる音のパッチムに続くと濃音化（s→ss）します。

息を強く出す音になる
激音化（げきおんか）

つまる音のパッチムに「ㅎ」が続くと、パッチム＋「ㅎ」が激音（p.7参照）に変化し、「ㄱ」→「ㅋ」、「ㄷ」→「ㅌ」、「ㅂ」→「ㅍ」の音になります。

입 ＋ 학 ＝ 입학（入学）
ip　　hak　→　iphak
イプ　　ハゥ　　　イパゥ

逆に、「ㅎ（h）」のパッチムにつまる音「ㄱ」「ㄷ」「ㅂ」が続く場合も、つまる音が同様に変化します。

音が消える
弱音化（じゃくおんか）

「ㄴ（n）」「ㅁ（m）」「ㄹ（l）」のパッチムに「ㅎ」が続くと、「ㅎ」の音が消えます。このとき、パッチムと次の文字の母音が連音化します。

은 ＋ 행 ＝ 은행（銀行）
un　　hen　→　u ne n
ウン　　ヘン　　　ウネン

パッチム「ㅎ」に母音が続くと「ㅎ」の音が弱音化します。また、パッチム「ㅇ」に「ㅎ」が続くと、「ㅎ」の音が弱音化する場合があります。

※習慣的なものなど、例外的に発音が変化する場合もあります。

PART 1 キホンの単語を覚えよう

人を表す　人称／人間関係
発音しながら、書いて覚えましょう。

□ 私
저
cho
チョ

□ 私（親しい間柄で）
나
na
ナ

□ 私たち
저희
cho　hui
チョイ

□ 私たち（親しい間柄で）
우리
u　li
ウ　リ

□ 友だち
친구
chʰin　gu
チン　グ

□ ボーイフレンド
남자친구
nam　ja　chʰin　gu
ナム　ジャ　チン　グ

□ ガールフレンド
여자친구
yo　ja　chʰin　gu
ヨ　ジャ　チン　グ

PART 1 ◆ キホンの単語を覚えよう

☐ 恋人

애 인
e　in
エ　イン

☐ 大人

어 른
o　lun
オ　ルン

☐ 子ども

어 린 이
o　lin　i
オ　リニ

☐ おじさん

아 저 씨
a　jo　ssi
ア　ジョッシ

☐ おばさん

아 줌 마
a　jum　ma
ア　ジュム　マ

☐ お姉さん

아 가 씨
a　ga　ssi
ア　ガッシ

● **チャレンジ！**…発音も確認しながら、それぞれの単語の意味を空欄に書きましょう。

애인	저	어른	나	어린이	저희	아저씨

여자친구	남자친구	아가씨	친구	아줌마	우리

11

家族

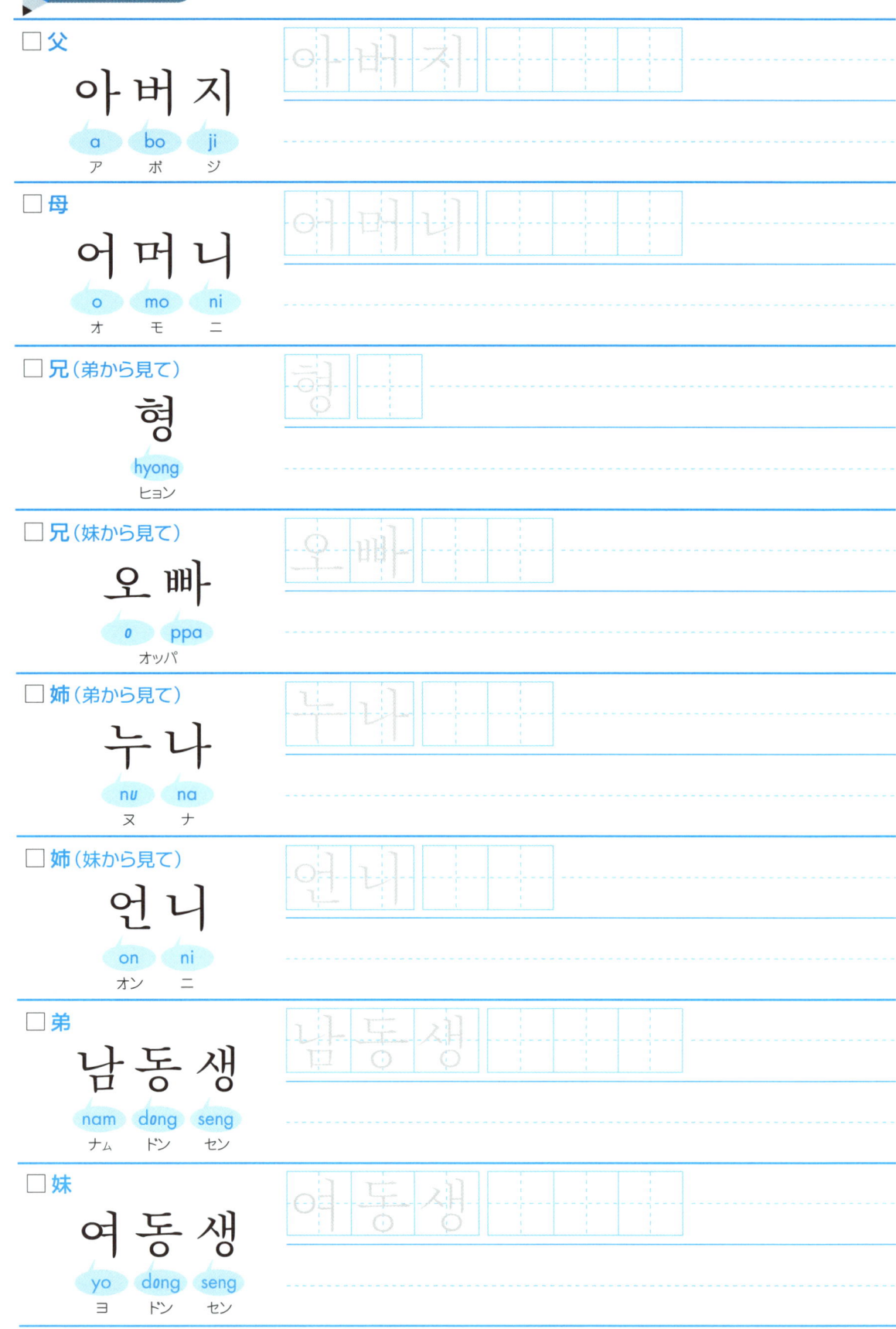

発音しながら、書いて覚えましょう。

☐ 父
아버지
a bo ji
アボジ

☐ 母
어머니
o mo ni
オモニ

☐ 兄（弟から見て）
형
hyong
ヒョン

☐ 兄（妹から見て）
오빠
o ppa
オッパ

☐ 姉（弟から見て）
누나
nu na
ヌナ

☐ 姉（妹から見て）
언니
on ni
オンニ

☐ 弟
남동생
nam dong seng
ナム ドン セン

☐ 妹
여동생
yo dong seng
ヨ ドン セン

PART 1 ◆ キホンの単語を覚えよう

□ 両親
부모
pu mo
プ モ

□ 兄弟
형제
hyong je
ヒョン ジェ

□ 姉妹
자매
cha me
チャ メ

□ 親戚
친척
chʰin chʰok
チン チョク

□ 夫
남편
nam pʰyon
ナム ピョン

□ 妻
아내
a ne
ア ネ

● **チャレンジ！**… 発音も確認しながら、それぞれの単語の意味を空欄に書きましょう。

여동생	아내	남동생	남편	언니	친척	누나

오빠	자매	형	형제	어머니	부모	아버지

13

位置を表す　指示語／方向

発音しながら、書いて覚えましょう。

- □ これ
  - 이것
  - i / got
  - イ / ゴッ

- □ それ
  - 그것
  - ku / got
  - ク / ゴッ

- □ あれ
  - 저것
  - cho / got
  - チョ / ゴッ

- □ ここ
  - 여기
  - yo / gi
  - ヨ / ギ

- □ そこ
  - 거기
  - ko / gi
  - コ / ギ

- □ あそこ
  - 저기
  - cho / gi
  - チョ / ギ

- □ 上
  - 위
  - wi
  - ウィ

- □ 下
  - 아래
  - a / le
  - ア / レ

PART 1 ◆ キホンの単語を覚えよう

□ 前

앞
ap
アㇷ゚

□ 後ろ

뒤
twi
トゥイ

□ 真ん中

가운데
ka un de
カ ウン デ

□ 横

옆
yop
ヨㇷ゚

□ 左側

왼쪽
wen cchok
ウェンッチョㇰ

□ 右側

오른쪽
o lun cchok
オ ルンッチョㇰ

●**チャレンジ！**…発音も確認しながら、それぞれの単語の意味を空欄に書きましょう。

오른쪽↓	왼쪽↓	위↓	저기↓	옆↓	거기↓	가운데↓

여기↓	뒤↓	저것↓	앞↓	그것↓	아래↓	이것↓

15

数を表す

韓国語には2種類の数字があり、どんな数を表すかによって使い分けます。
まずは、「年」「月」「日」「分」「ウォン」などに使う漢数字を覚えていきましょう。

漢数字　発音しながら、書いて覚えましょう。

☐ 1
일
il
イル

☐ 2
이
i
イ

☐ 3
삼
sam
サム

☐ 4
사
sa
サ

☐ 5
오
o
オ

☐ 6
육
yuk
ユク

☐ 7
칠
ch^{h}il
チル

PART 1 ◆ キホンの単語を覚えよう

☐ 8
팔
p^{h}al
パル

☐ 9
구
ku
ク

☐ 10
십
sip
シプ

☐ 百
백
pek
ペク

☐ 千
천
ch^{h}on
チョン

☐ 万
만
man
マン

●2ケタ以上の数を表すには

日本語で漢数字を書くのと同様、「24」=「二」「十」「四」という漢字を韓国語式に読みます。

24 = 이 십 사
　　 二 十 四

350 = 삼 백 오 십
　　　三 百 五 十

●パッチムがある数字+「6」

パッチムがある数字に육(6)が続く場合、音が変化します。

16 = 십 육
sip yuk
→ sim nyuk
シム ニュク

160 = 백 육 십
pek yuk sip
→ peng nyuk sip
ペン ニュク シプ

漢数字の次は、「時」「個」「枚」「歳」などに使う固有数字を覚えましょう。

固有数字　発音しながら、書いて覚えましょう。

☐ 1つ
하나
ha na
ハ ナ

☐ 2つ
둘
tul
トゥル

☐ 3つ
셋
set
セッ

☐ 4つ
넷
net
ネッ

☐ 5つ
다섯
ta sot
タ ソッ

☐ 6つ
여섯
yo sot
ヨ ソッ

☐ 7つ
일곱
il gop
イル ゴプ

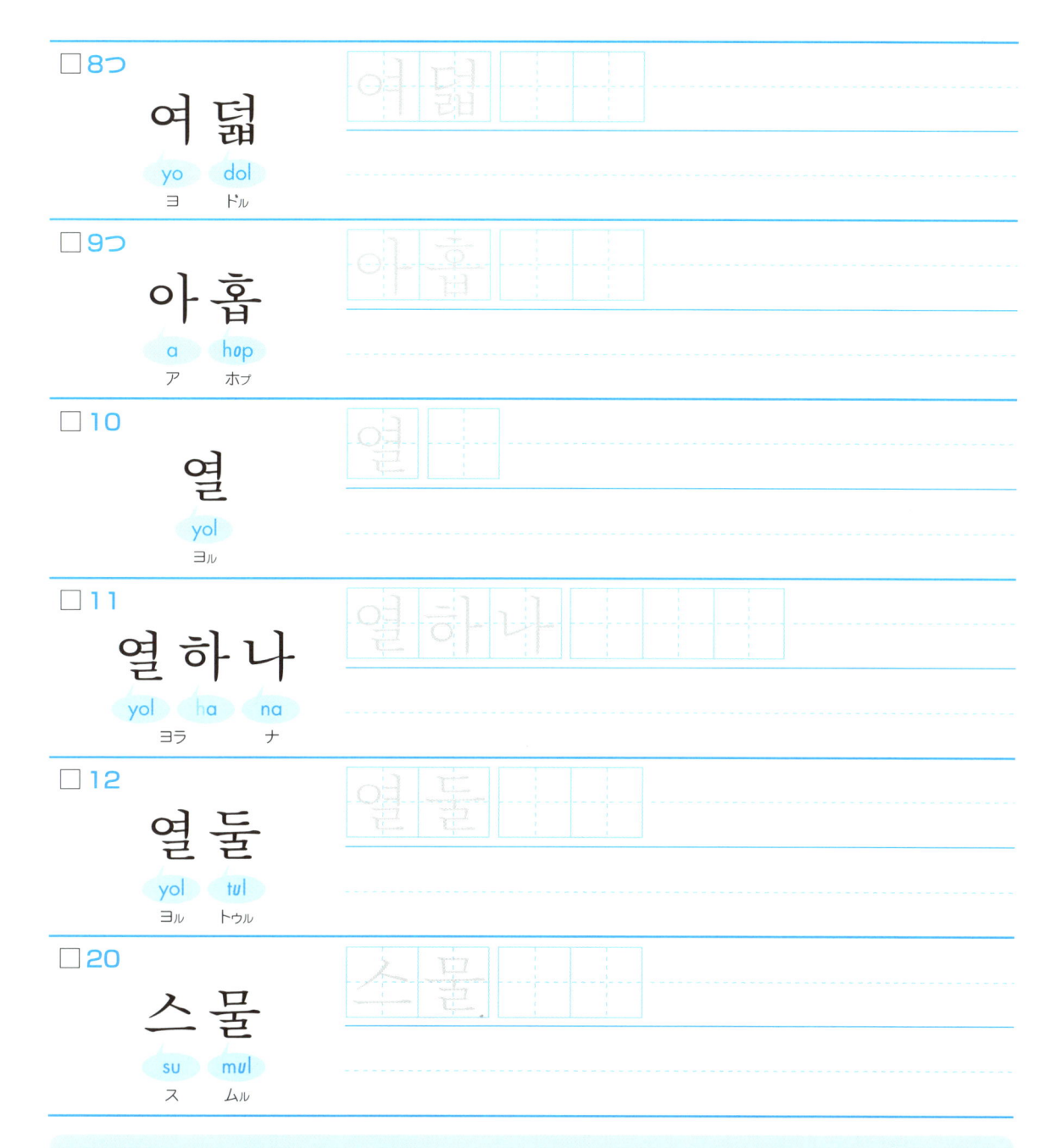

PART 1 ◆ キホンの単語を覚えよう

□ 8つ　여덟　yo dol　ヨ ドル

□ 9つ　아홉　a hop　ア ホプ

□ 10　열　yol　ヨル

□ 11　열하나　yol ha na　ヨラ ナ

□ 12　열둘　yol tul　ヨル トゥル

□ 20　스물　su mul　ス ムル

●助数詞がつくと形が変わる数字

「1つ」～「4つ」と「20」は、助数詞がつくと形が変わります。「～個」**개**（ke）をつけて見てみましょう。

1つ 하나 → **한**개（1個）ハン ゲ
2つ 둘 → **두**개（2個）トゥ ゲ
3つ 셋 → **세**개（3個）セ ゲ
4つ 넷 → **네**개（4個）ネ ゲ
20 스물 → **스무**개（20個）スム ゲ

●子音が2つ並ぶパッチム

2つの子音がパッチムになる場合、おおむね左側の子音を優先的に発音しますが、「ㄹㄱ」「ㄹㅁ」「ㄹㅍ」は右側の子音を発音します。

助数詞を覚えよう

どの助数詞がどちらの数字（漢／固有）につくかを確認しましょう。

▼漢数字につくもの

☐ ～年
년
nyon
ニョン

☐ ～月
월
wol
ウォル

☐ ～日
일
il
イル

☐ ～分
분
pun
プン

☐ ～ウォン
원
won
ウォン

▼固有数字につくもの

☐ ～時
시
si
シ

☐ ～個
개
ke
ケ

☐ ～枚
장
chang
チャン

☐ ～人
명
myong
ミョン

☐ ～歳
살
sal
サル

●音の変化に気をつけよう

パッチムがある漢数字のあとにつく文字によって、音が変化する場合があります。次のような場合は発音の変化に気をつけてください。

일 (1)、칠 (7)、팔 (8)

パッチム ㄹ がある数字のあとに ㄴ で始まる文字がつくと、流音化 (p.8参照) が生じます。

1年　イルニョン　イルリョン
일년 (il-**n**yon) → (il-**l**yon)

육 (6)、십 (10)、백 (百)

つまる音のパッチムがある数字のあとに ㅎ で始まる文字がつくと激音化 (p.9参照)、ㄴ・ㅁ で始まる文字がつくと鼻音化 (p.8参照) が生じます。

6号　ユㇰホ　ユコ
육호 (yu**k**-h₀) → (yu-k^h₀)

10万　シプマン　シムマン
십만 (si**p**-man) → (si**m**-man)

PART 1 ◆ キホンの単語を覚えよう

組み合わせる助数詞に適した数字を、ハングルに置き換えて記入しましょう。

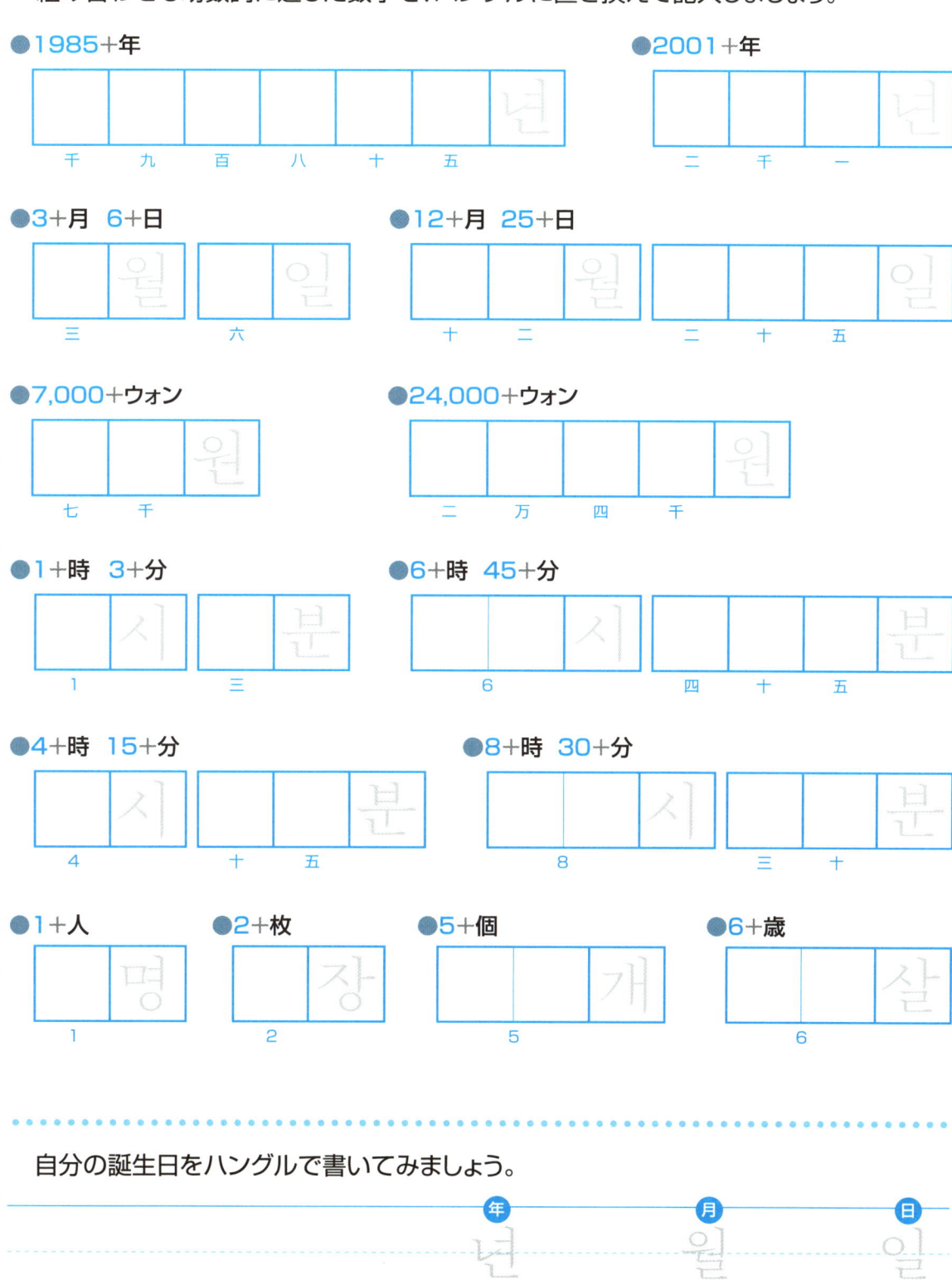

● 1985+年

						년
千	九	百	八	十	五	

● 2001+年

				년
二	千	一		

● 3+月　6+日

	월		일
三		六	

● 12+月　25+日

		월			일
十	二		二	十	五

● 7,000+ウォン

		원
七	千	

● 24,000+ウォン

				원
二	万	四	千	

● 1+時　3+分

	시		분
1		三	

● 6+時　45+分

	시			분
6		四	十	五

● 4+時　15+分

	시			분
4		十	五	

● 8+時　30+分

	시			분
8		三	十	

● 1+人

	명
1	

● 2+枚

	장
2	

● 5+個

	개
5	

● 6+歳

	살
6	

自分の誕生日をハングルで書いてみましょう。

　　　　　　　　　　　　　　年　　　　　月　　　　　日
　　　　　　　　　　　　　　년　　　　　월　　　　　일

ときを表す

曜日 発音しながら、書いて覚えましょう。

☐ 月曜日
월요일
wol / yo / il
ウォリョ / イル

☐ 火曜日
화요일
hwa / yo / il
ファ / ヨ / イル

☐ 水曜日
수요일
su / yo / il
ス / ヨ / イル

☐ 木曜日
목요일
mog / yo / il
モギョ / イル

☐ 金曜日
금요일
kum / yo / il
クミョ / イル

☐ 土曜日
토요일
tʰo / yo / il
ト / ヨ / イル

☐ 日曜日
일요일
il / yo / il
イリョ / イル

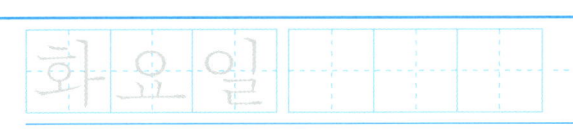

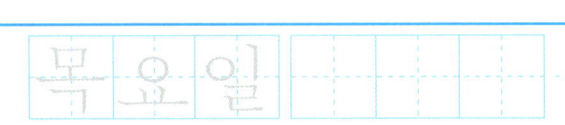

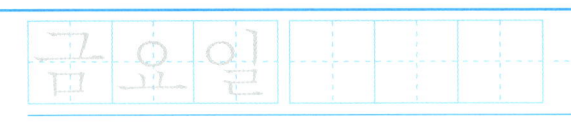

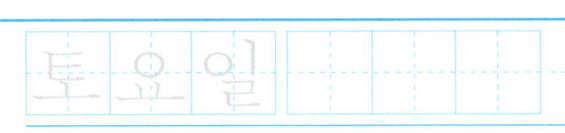

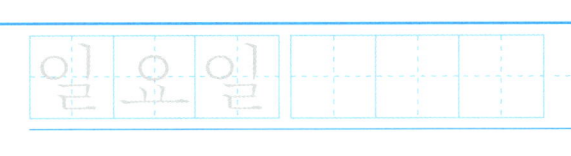

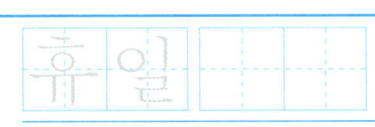

☐ 休日
휴일
hyu / il
ヒュ / イル

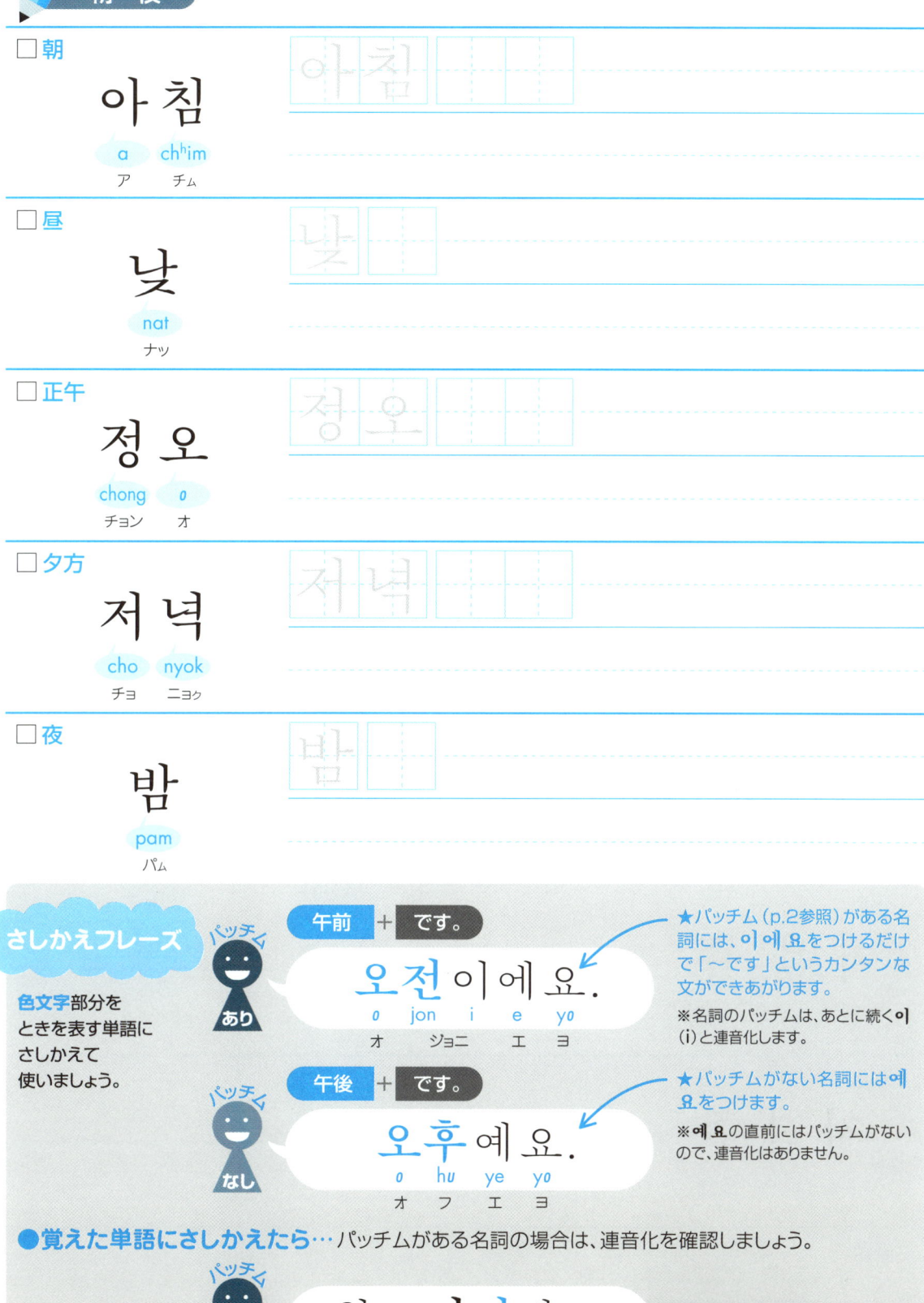

PART 1 ◆ キホンの単語を覚えよう

朝〜夜

☐ 朝
아침
a chʰim
ア チム

☐ 昼
낮
nat
ナッ

☐ 正午
정오
chong o
チョン オ

☐ 夕方
저녁
cho nyok
チョ ニョク

☐ 夜
밤
pam
パム

さしかえフレーズ

色文字部分をときを表す単語にさしかえて使いましょう。

午前 + **です。**

パッチムあり
오전이에요.
o jon i e yo
オ ジョニ エ ヨ

★パッチム（p.2参照）がある名詞には、이에요をつけるだけで「〜です」というカンタンな文ができあがります。

※名詞のパッチムは、あとに続く이(i)と連音化します。

午後 + **です。**

パッチムなし
오후예요.
o hu ye yo
オ フ エ ヨ

★パッチムがない名詞には예요をつけます。

※예요の直前にはパッチムがないので、連音化はありません。

●覚えた単語にさしかえたら…パッチムがある名詞の場合は、連音化を確認しましょう。

パッチムあり
월요일이에요. 月曜日です。
wol yo i l i e yo
ウォリョ イリ エ ヨ

※日本語の句読点は「。」と「、」ですが、韓国語では「.(ピリオド)」と「,(コンマ)」を使います。

今日～来年

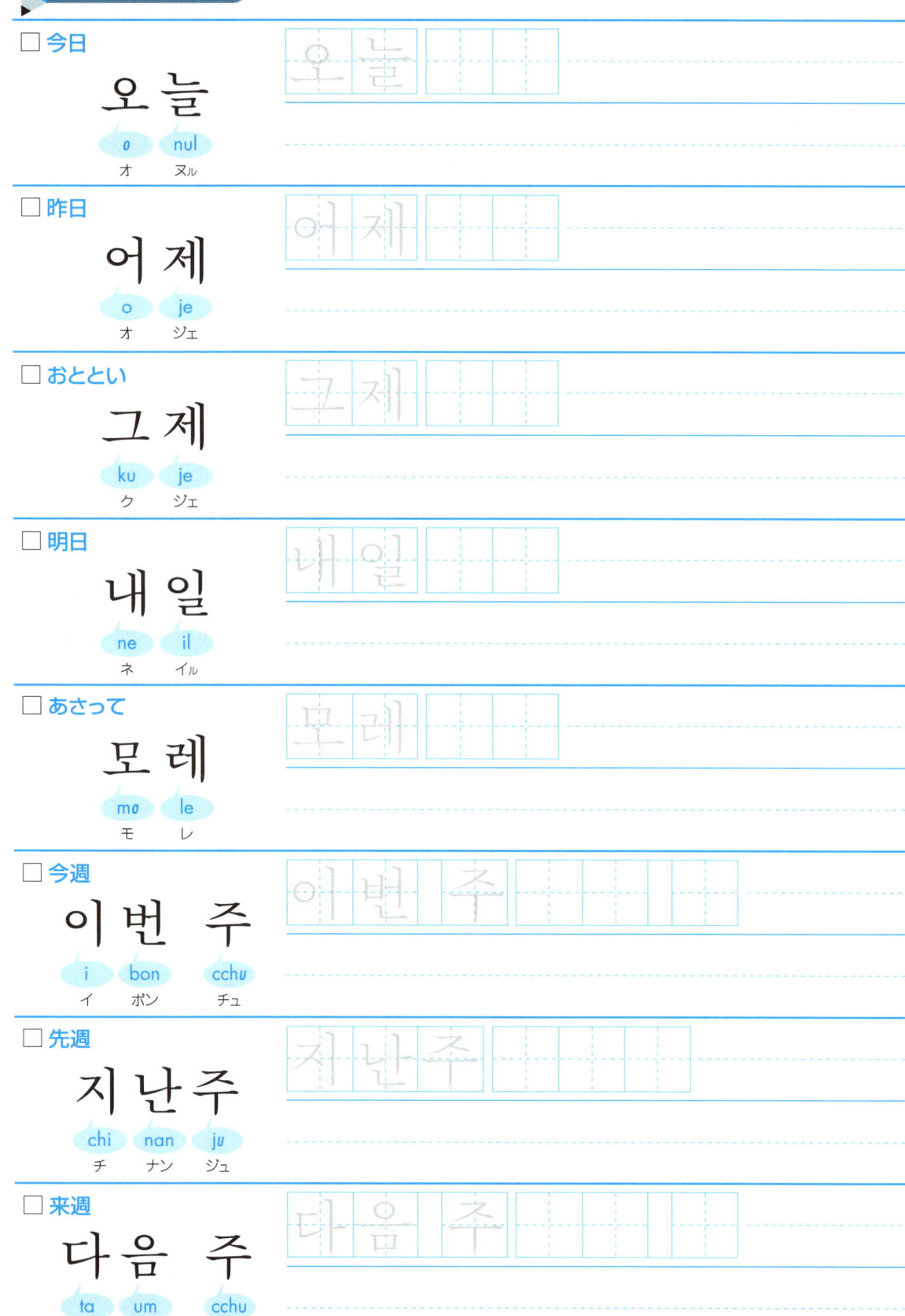

発音しながら、書いて覚えましょう。

- 今日
  - 오늘
  - o / nul
  - オ / ヌル

- 昨日
  - 어제
  - o / je
  - オ / ジェ

- おととい
  - 그제
  - ku / je
  - ク / ジェ

- 明日
  - 내일
  - ne / il
  - ネ / イル

- あさって
  - 모레
  - mo / le
  - モ / レ

- 今週
  - 이번 주
  - i / bon / cchu
  - イ / ボン / チュ

- 先週
  - 지난주
  - chi / nan / ju
  - チ / ナン / ジュ

- 来週
  - 다음 주
  - ta / um / cchu
  - タ / ウム / チュ

PART 1 ◆ キホンの単語を覚えよう

□ **今月**
이번 달
i / bon / ttal
イ / ボン / タル

□ **先月**
지난달
chi / nan / dal
チ / ナン / ダル

□ **来月**
다음 달
ta / um / ttal
タ / ウム / タル

□ **今年**
올해
ol / he
オレ

□ **昨年**
작년
chang / nyon
チャン / ニョン

□ **来年**
내년
ne / nyon
ネ / ニョン

●**チャレンジ！**… 発音も確認しながら、それぞれの単語の意味を空欄に書きましょう。

다음 주	내년	지난주	오늘	이번 달	어제	지난달
↓	↓	↓	↓	↓	↓	↓

그제	다음 달	내일	올해	모레	작년	이번 주
↓	↓	↓	↓	↓	↓	↓

季節／天候 発音しながら、書いて覚えましょう。

- □ 春
  봄
  pom / ポム

- □ 夏
  여름
  yo lum / ヨ ルム

- □ 秋
  가을
  ka ul / カ ウル

- □ 冬
  겨울
  kyo ul / キョ ウル

- □ 梅雨
  장마
  chang ma / チャン マ

- □ 台風
  태풍
  tʰe pʰung / テ プン

さしかえフレーズ

色文字部分を季節／天候の単語にさしかえて使いましょう。

パッチムあり：雪 + です。
눈이에요.
nun i e yo / ヌニ エ ヨ

★パッチムがある名詞には**이에요**をつけます。

パッチムなし：虹 + です。
무지개예요.
mu ji ge ye yo / ムジゲ エ ヨ

★パッチムがない名詞には**예요**をつけます。

PART 1 ◆ キホンの単語を覚えよう

- ☐ 晴れ
  - 맑음
  - malg um
  - マルグム

- ☐ 曇り
  - 흐림
  - hu lim
  - フ リム

- ☐ 雨
  - 비
  - pi
  - ピ

- ☐ 夕立ち
  - 소나기
  - so na gi
  - ソ ナ ギ

- ☐ 風
  - 바람
  - pa lam
  - パ ラム

- ☐ 雷
  - 천둥
  - chʰon dung
  - チョン ドゥン

●覚えた単語にさしかえたら…パッチムがある名詞の場合は、連音化を確認しましょう。

パッチムあり

맑음이에요.
malg um i e yo
マルグミ エ ヨ

晴れです。

疑問詞を覚えよう

ものごとを尋ねるのに便利な疑問詞を覚えましょう。

※本来の単語を短く表した縮約形は、会話でよく使われます。

☐ 何

무엇 (뭐) 縮約形
mu ot mwo
ム オッ ムォ

☐ どこ

어디
o di
オ ディ

☐ いつ

언제
on je
オン ジェ

☐ 誰

누구
nu gu
ヌ グ

☐ なぜ

왜
we
ウェ

さしかえフレーズ

色文字部分を疑問詞にさしかえて使いましょう。

パッチムなし

何 + ですか?

뭐예요?
mwo ye yo
ムォ エ ヨ

★「何」の縮約形と「どこ」～「なぜ」にはパッチムがないので、예요?をつけます。

カンタン疑問文

요で終わるていねい形（～です）を疑問文にするには、文末に「?」をつけて、尻上がりに発音するだけなので、とてもカンタン。「名詞+이에요／예요?」で、質問のバリエーションを増やしましょう。

PART 1 ◆ キホンの単語を覚えよう

名詞の前にくる疑問詞を覚えましょう。

☐ 何の～

무슨
mu sun
ムスン

☐ どんな～

어떤
o tton
オットン

☐ 何～

몇
myot
ミョッ

おさらいフレーズ

ここまでに覚えた「～です／ですか?」で作る、かんたんなやりとりを見てみましょう。疑問文には、名詞の前にくる疑問詞を使います。

何の　曜日ですか？ ＝何曜日ですか？

무슨 요일이에요?
mu sun yo il i e yo
ムスン ヨ イリ エ ヨ

火曜日です。

화요일이에요.
hwa yo il i e yo
ファ ヨ イリ エ ヨ

どんな　ドラマですか？

어떤 드라마예요?
o tton tu la ma ye yo
オットン トゥ ラ マ エ ヨ

歴史劇です。

역사극이에요.
yok sa gug i e yo
ヨッ サ グギ エ ヨ

何 ＋ 時ですか？

몇시예요?
myot si ye yo
ミョッ シ エ ヨ

3時です。

세시예요.
se si ye yo
セ シ エ ヨ

★「何の」と「曜日」、「どんな」と「ドラマ」の間はスペースを空けて書きますが、このように文節の区切りなどを空けて書くことを「分かち書き」といいます。

29

PART 2 身近な単語を覚えよう

家にあるもの　住まい
発音しながら、書いて覚えましょう。

☐ 家
집
chip
チプ

☐ マンション
맨션
men syon
メン　ション

☐ 玄関
현관
hyon gwan
ヒョン　グァン

☐ 廊下
복도
pok tto
ポク　ト

☐ 階段
계단
kye dan
ケ　ダン

☐ 窓
창문
chʰang mun
チャン　ムン

☐ 部屋
방
pang
パン

PART 2 ◆ 身近な単語を覚えよう

☐ 台所

부엌

pu ok
プ オㇰ

☐ 居間

거실

ko sil
コ シル

☐ 応接室

응접실

ung jop ssil
ウン ジョプ シル

☐ 寝室

침실

chʰim sil
チム シル

☐ 浴室

욕실

yok ssil
ヨㇰ シル

☐ 庭

정원

chong won
チョン ウォン

さしかえフレーズ

色文字部分を上の単語にさしかえて使いましょう。

| トイレ | どこですか？ |

화장실 어디예요?
hwa jang sil　o di ye yo
ファ ジャン シル　オ ディ エ ヨ

※韓国語でも日本語と同様に助詞（p.44～参照）が使われますが、まずは助詞を省略したかんたんな表現を覚えましょう。

31

インテリア／家電

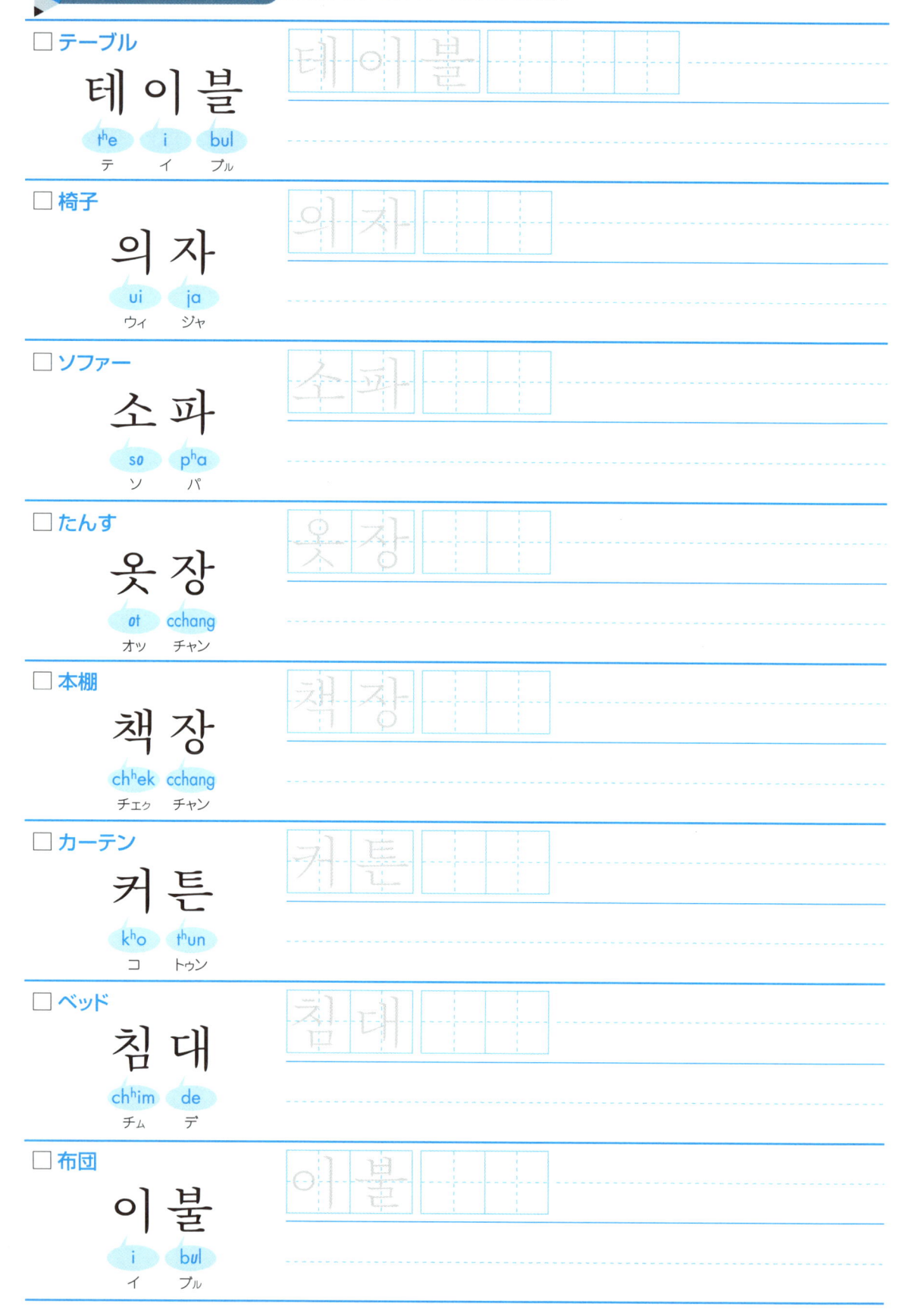

発音しながら、書いて覚えましょう。

- ☐ テーブル
  - 테이블
  - ᵗʰe / i / bul
  - テ / イ / ブル

- ☐ 椅子
  - 의자
  - ui / ja
  - ウィ / ジャ

- ☐ ソファー
  - 소파
  - so / pʰa
  - ソ / パ

- ☐ たんす
  - 옷장
  - ot / cchang
  - オッ / チャン

- ☐ 本棚
  - 책장
  - chʰek / cchang
  - チェク / チャン

- ☐ カーテン
  - 커튼
  - kʰo / tʰun
  - コ / トゥン

- ☐ ベッド
  - 침대
  - chʰim / de
  - チム / デ

- ☐ 布団
  - 이불
  - i / bul
  - イ / ブル

PART 2 ◆ 身近な単語を覚えよう

- ☐ 電話
  전화기
  chon hwa gi
  チョナ　ギ

- ☐ 時計
  시계
  si gye
  シ　ゲ

- ☐ 携帯電話
  휴대폰
  hyu de pʰon
  ヒュ デ ポン

- ☐ エアコン
  에어컨
  e o kʰon
  エ オ コン

- ☐ 掃除機
  청소기
  chʰong sø gi
  チョン ソ ギ

- ☐ 洗濯機
  세탁기
  se tʰak kki
  セ タㇰ キ

さしかえフレーズ

色文字部分を上の単語にさしかえて使いましょう。

| ファクス | ありますか？ |

※助詞を省略したかんたんな表現です。

팩시밀리 있어요?
pʰek ssi mil li iss o yo
ペㇰ シ ミル リ　イッ ソ ヨ

日用品　発音しながら、書いて覚えましょう。

□ ほうき
빗자루
pit ccha lu
ピッ チャ ル

□ ゴミ箱
쓰레기통
ssu le gi tʰong
ス レ ギ トン

□ 雑巾
걸레
kol le
コル レ

□ 洗剤
세제
se je
セ ジェ

□ せっけん
비누
pi nu
ピ ヌ

□ タオル
수건
su gon
ス ゴン

□ くし
빗
pit
ピッ

□ 鏡
거울
ko ul
コ ウル

34

PART 2 ◆ 身近な単語を覚えよう

- □ ノート

  노트

  no tʰu
  ノ トゥ

- □ 鉛筆

  연필

  yon pʰil
  ヨン ピル

- □ 消しゴム

  지우개

  chi u ge
  チ ウ ゲ

- □ はさみ

  가위

  ka wi
  カ ウィ

- □ 封筒

  봉투

  pong tʰu
  ポン トゥ

- □ 便せん

  편지지

  pʰyon ji ji
  ピョン ジ ジ

さしかえフレーズ

色文字部分を上の単語にさしかえて使いましょう。

ペン　貸してください。　※助詞を省略したかんたんな表現です。

펜 빌려 주세요.
pʰen pil lyo chu se yo
ペン ピル リョ チュ セ ヨ

35

仕事と遊び

職業 発音しながら、書いて覚えましょう。

☐ 会社員
회사원
hwe sa won
フェ サ ウォン

☐ 主婦
주부
chu bu
チュ ブ

☐ 学生
학생
hak sseng
ハㇰ セン

☐ 教師
교사
kyo sa
キョ サ

☐ 公務員
공무원
kong mu won
コン ム ウォン

☐ 銀行員
은행원
un heng won
ウネン ウォン

☐ 医師
의사
ui sa
ウィ サ

☐ 看護師
간호사
kan ho sa
カノ サ

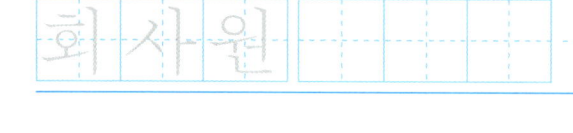

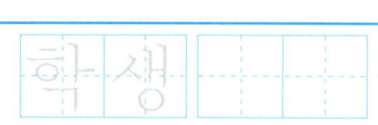

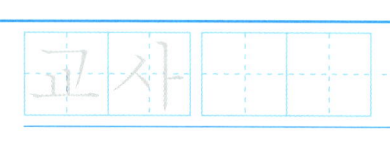

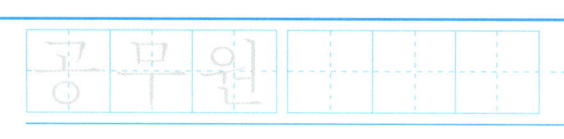

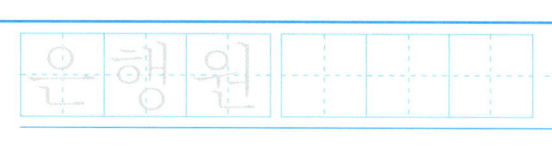

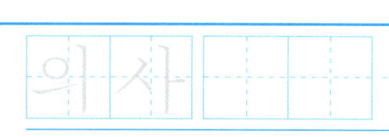

36

PART 2 ◆ 身近な単語を覚えよう

□ エンジニア
엔지니어
en / ji / ni / o
エン / ジ / ニ / オ

□ 弁護士
변호사
pyon / ho / sa
ピョノ / ホ / サ

□ 会計士
회계사
hwe / ge / sa
フェ / ゲ / サ

□ 調理師
조리사
cho / li / sa
チョ / リ / サ

□ 美容師
미용사
mi / yong / sa
ミ / ヨン / サ

□ 販売員
판매원
pʰan / me / won
パン / メ / ウォン

□ 店員
점원
chom / won
チョムォン

37

趣味

発音しながら、書いて覚えましょう。

- □ 読書
  독서
  tok / sso
  トゥ / ソ

- □ ショッピング
  쇼핑
  syo / pʰing
  ショ / ピン

- □ 旅行
  여행
  yo / heng
  ヨ / ヘン

- □ ドライブ
  드라이브
  tu / la / i / bu
  トゥ / ラ / イ / ブ

- □ キャンプ
  캠프
  kʰem / pʰu
  ケン / プ

- □ 登山
  등산
  tung / san
  トゥン / サン

- □ 水泳
  수영
  su / yong
  ス / ヨン

- □ テニス
  테니스
  tʰe / ni / su
  テ / ニ / ス

PART 2 ◆ 身近な単語を覚えよう

□ ジョギング
조 깅
cho ging
チョ ギン

□ マラソン
마 라 톤
ma la tʰon
マ ラ トン

□ 陶芸
도 예
to ye
ト イェ

□ 写真
사 진
sa jin
サ ジン

□ 料理
요 리
yo li
ヨ リ

□ 編み物
뜨 개 질
ttu ge jil
トゥ ゲ ジル

□ ガーデニング
원 예
won ye
ウォネ

39

韓流① 発音しながら、書いて覚えましょう。

- 韓流
  한류
  hal / lyu
  ハル リュ

- ドラマ
  드라마
  tu / la / ma
  トゥ ラ マ

- ロケ地
  촬영지
  chʰwal / yong / ji
  チャリョン ジ

- 主人公
  주인공
  chu / in / gong
  チュ イン ゴン

- 原作
  원작
  won / jak
  ウォン ジャク

- 小説
  소설
  so / sol
  ソ ソル

- 視聴率
  시청률
  si / chʰong / nyul
  シ チョン ニュル

- 最終回
  마지막회
  ma / ji / makʰ / we
  マ ジ マケ

PART 2 ◆ 身近な単語を覚えよう

☐ 俳優
배우
pe u
ペ ウ

☐ タレント
탤런트
tʰel lon tʰu
テル ロン トゥ

☐ 美男
미남
mi nam
ミ ナム

☐ 美女
미녀
mi nyo
ミ ニョ

☐ 映画
영화
yong hwa
ヨン ファ

☐ 恋愛
연애
yon e
ヨネ

☐ コメディ
코미디
kʰo mi di
コ ミ ディ

☐ アクション
액션
ek ssyon
エㇰ ション

41

韓流② 発音しながら、書いて覚えましょう。

K-pop
케이 팝
kʰe / i / pʰap
ケイ / イ / パプ

音楽
음악
um / ak
ウマㇰ

ダンス
댄스
ten / su
テン / ス

ファッション
패션
pʰe / syon
ペ / ション

流行
유행
yu / heng
ユ / ヘン

コンサート
콘서트
kʰon / so / tʰu
コン / ソ / トゥ

デビュー曲
데뷔곡
te / bwi / gok
テ / ブゥイ / ゴㇰ

サイン
사인
sa / in
サ / イン

PART 2 ◆ 身近な単語を覚えよう

- □ 握手

  악수
  ak　ssu
  アㇰ　ス

- □ 草食系男子

  초식남
  chʰo　sing　nam
  チョ　シン　ナム

- □ 肉食系男子

  짐승남
  chim　sung　nam
  チム　スン　ナム

- □ 歌手

  가수
  ka　su
  カ　ス

- □ CD

  시디
  si　di
  シ　ディ

- □ 写真集

  사진집
  sa　jin　jip
  サ　ジン　ジㇷ゚

- □ ファンクラブ

  팬클럽
  pʰen　kʰul　lop
  ペン　クル　ロㇷ゚

自己紹介をしてみよう

かんたんな自己紹介のフレーズを書いて覚えましょう。

ここまでは助詞を省略したかんたんなフレーズでしたが、次は助詞を使ったフレーズを覚えていきましょう。韓国語の語順は日本語と同じで、助詞も日本語とほぼ同じように使います。

まず、「〜は」という助詞を覚えてから、自己紹介の練習をしましょう。

助詞 〜は

パッチムなしの名詞 + 는 (nun / ヌン)

パッチムありの名詞 + 은 (un / ウン)

※名詞のパッチムは은の母音ー(u)と連音化します。

☐ 私**は日本人**です。

저 는 일본사람이에요.
cho nun il bon sa lam i e yo
チョ ヌン イル ボン サ ラミ イ エ ヨ

☐ **職業は秘書**です。

직 업 은 비서예요.
chig ob un pi so ye yo
チゴブン ピ ソ エ ヨ

☐ **趣味はゴルフ**です。

취 미 는 골프예요.
chʰwi mi nun kol pʰu ye yo
チュイ ミ ヌン コル プ エ ヨ

職業や趣味を表すフレーズを自由に練習してみましょう。

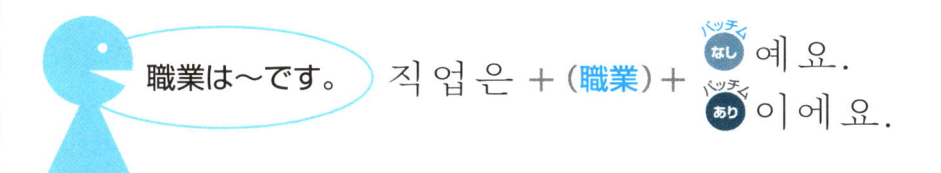

職業は～です。　　직업은 ＋（職業）＋ 예요. / 이에요.

趣味は～です。　　취미는 ＋（趣味）＋ 예요. / 이에요.

体の部位 — 顔

発音しながら、書いて覚えましょう。

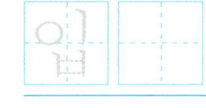

□ **鼻**
코
kʰo
コ

□ **口**
입
ip
イプ

□ **唇**
입술
ip ssul
イプ スル

□ **歯**
이
i
イ

□ **耳**
귀
kwi
クィ

助詞 〜が

パッチムなしの名詞 ＋ **가** (ka / カ)

パッチムありの名詞 ＋ **이** (i / イ)

さしかえフレーズ

色文字部分を体の部位を表す単語にさしかえて使いましょう。

名詞にパッチムなし：

頭 ＋ が ＋ 痛いです。

머리가 아파요.
mo li ga　a pʰa yo
モ リ ガ　ア パ ヨ

※가は語中で有声音化します。

名詞にパッチムあり：

目 ＋ が ＋ 痛いです。

눈이 아파요.
nun i　a pʰa yo
ヌニ　ア パ ヨ

※名詞のパッチムは이の母音ㅣ(i)と連音化します。

身体

- □ 肩　어깨　o kke　オッケ
- □ 胸　가슴　ka sum　カ スム
- □ お腹　배　pe　ペ
- □ 背中　등　tung　トゥン
- □ 手　손　son　ソン
- □ 指　손가락　son kka lak　ソン カ ラㇰ
- □ 爪　손톱　son thop　ソン トㇷ゚
- □ 足　다리　ta li　タ リ

地理／自然

地理 発音しながら、書いて覚えましょう。

- ☐ 川
  강
  kang
  カン

- ☐ 湖
  호수
  ho su
  ホ ス

- ☐ 森
  숲
  sup
  スプ

- ☐ 島
  섬
  som
  ソム

- ☐ 半島
  반도
  pan do
  パン ド

助詞 〜に

(バッチムなし バッチムあり にかかわらず) 名詞 + 에
　　　　　　　　　　　　　　　　　　　　　e
　　　　　　　　　　　　　　　　　　　　　エ

さしかえフレーズ

色文字部分を地理を表す単語にさしかえて使いましょう。

海 + に　行きたいです。

바다에 가고 싶어요.
pa da e ka go sip^h o yo
パ ダ エ カ ゴ シポ ヨ

山 + に　行きたいです。

산에 가고 싶어요.
san e ka go sip^h o yo
サ ネ カ ゴ シポ ヨ

※名詞のパッチムは이の母音ㅔ（e）と連音化します。

自然

PART 2 ◆ 身近な単語を覚えよう

☐ 草

풀
pʰul
プル

☐ 花

꽃
kkot
コッ

☐ 太陽

태양
tʰe yang
テ ヤン

☐ 月

달
tal
タル

助詞 〜を

パッチムなしの名詞 + 를 (lul / ルル)

パッチムありの名詞 + 을 (ul / ウル)

さしかえフレーズ

色文字部分を自然を表す単語にさしかえて使いましょう。

名詞にパッチムなし： 木 + を ごらんなさい。

나무를 보세요.
na mu lul po se yo
ナ ム ルル ポ セ ヨ

名詞にパッチムあり： 星 + を ごらんなさい。

별을 보세요.
pyol ul po se yo
ピョルル ポ セ ヨ

※名詞のパッチムは을の母音ー(u)と連音化します。

PART 3 シーン別単語を覚えよう

街なかで　ランドマーク①
発音しながら、書いて覚えましょう。

☐ 案内所
안내소
an ne so
アン ネ ソ

☐ 公園
공원
kong won
コン ウォン

☐ 学校
학교
hak kkyo
ハㇰ キョ

☐ 銀行
은행
un heng
ウネン

☐ 郵便局
우체국
u chʰe guk
ウ チェ グㇰ

☐ 劇場
극장
kuk cchang
クㇰ チャン

☐ 映画館
영화관
yong hwa gwan
ヨン ファ グァン

PART 3 ◆ シーン別単語を覚えよう

□ 美術館
미술관
mi sul gwan
ミ スル グァン

□ 博物館
박물관
pang mul gwan
パン ムル グァン

□ ホテル
호텔
ho tʰel
ホ テル

□ 警察署
경찰서
kyong chʰal sso
キョン チャル ソ

□ 病院
병원
pyong won
ピョン ウォン

□ 薬局
약국
yak kkuk
ヤㇰ クㇰ

さしかえフレーズ

色文字部分を場所を表す単語にさしかえて使いましょう。

パッチムなし

派出所 は どこですか？

파출소는 어디에요?
pʰa chʰul sso nun o di e yo
パ チュル ソ ヌン オ ディ エ ヨ

パッチムあり

動物園 は どこですか？

동물원은 어디에요?
tong mul won un o di e yo
トン ムル ウォン ヌン オ ディ エ ヨ

ランドマーク② 発音しながら、書いて覚えましょう。

☐ 店
가게
ka ge
カ ゲ

☐ 市場
시장
si jang
シ ジャン

☐ コンビニ
편의점
pʰyon ui jom
ピョニ ジョム

☐ スーパーマーケット
슈퍼마켓
syu pʰo ma kʰet
シュ ポ マ ケッ

☐ デパート
백화점
pekʰ wa jom
ペクァ ジョム

☐ 本屋
서점
so jom
ソ ジョム

☐ 花屋
꽃 가게
kkot ka ge
コッ カ ゲ

☐ 美容室
미용실
mi yong sil
ミ ヨン シル

52

PART 3 ◆ シーン別単語を覚えよう

☐ **屋台**

포장마차
pʰo / jang / ma / chʰa
ポ / ジャン / マ / チャ

☐ **食堂**

식당
sik / ttang
シㇰ / タン

☐ **レストラン**

레스토랑
le / su / tʰo / lang
レ / ス / ト / ラン

☐ **パブ**

퍼브
pʰo / bu
ポ / ブ

☐ **居酒屋**

술집
sul / cchip
スル / チプ

さしかえフレーズ

色文字部分を場所を表す単語にさしかえて使いましょう。

喫茶店 に 行きましょうか？

커피숍에 갈까요？
kʰo pʰi syob e / kal kka yo
コ ピ ショベ / カルッカ ヨ

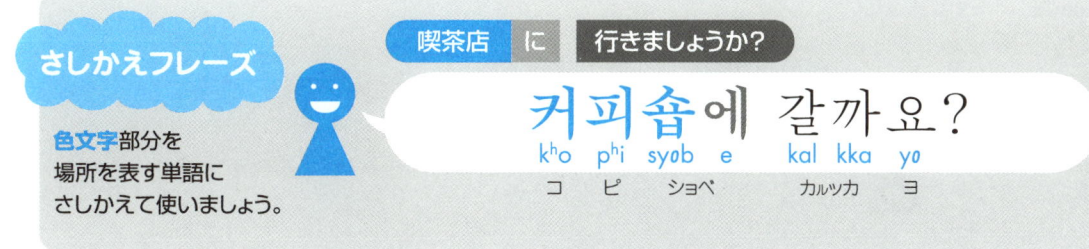

移動

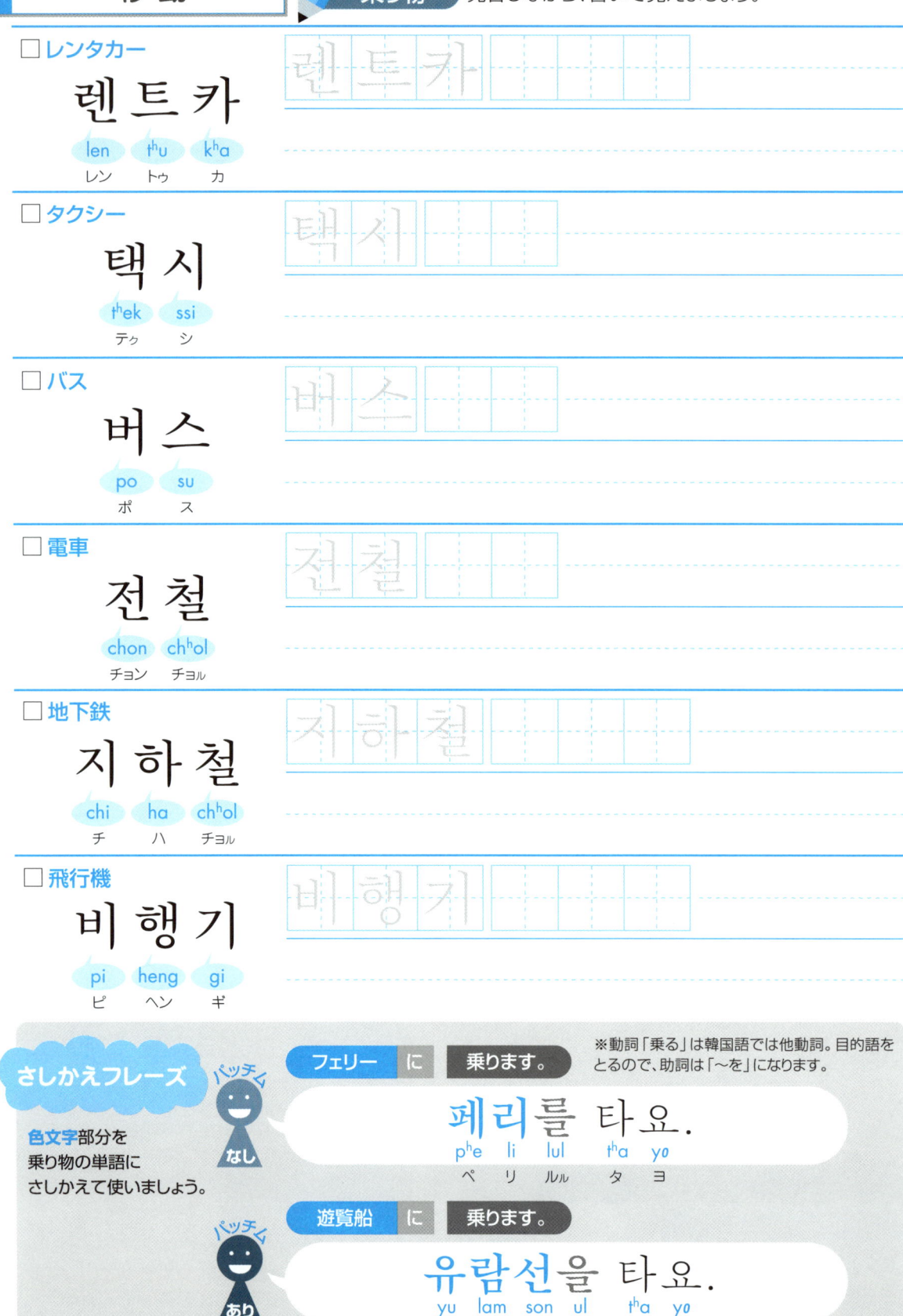

乗り物 発音しながら、書いて覚えましょう。

- □ レンタカー
  렌트카
  len / tʰu / kʰa
  レン トゥ カ

- □ タクシー
  택시
  tʰek / ssi
  テㇰ シ

- □ バス
  버스
  po / su
  ポ ス

- □ 電車
  전철
  chon / chʰol
  チョン チョル

- □ 地下鉄
  지하철
  chi / ha / chʰol
  チ ハ チョル

- □ 飛行機
  비행기
  pi / heng / gi
  ピ ヘン ギ

さしかえフレーズ

色文字部分を乗り物の単語にさしかえて使いましょう。

※動詞「乗る」は韓国語では他動詞。目的語をとるので、助詞は「～を」になります。

パッチムなし | フェリー に 乗ります。
페리를 타요.
pʰe li lul / tʰa yo
ペ リ ルㇽ タ ヨ

パッチムあり | 遊覧船 に 乗ります。
유람선을 타요.
yu lam son ul / tʰa yo
ユ ラム ソヌㇽ タ ヨ

PART 3 ◆ シーン別単語を覚えよう

□ トランク
트렁크
tʰu long kʰu
トゥ ロン ク

□ メーター
미터
mi tʰo
ミ ト

□ 急行
급행
kupʰ eng
クペン

□ 鈍行
완행
wan heng
ワネン

□ 時刻表
시간표
si gan pʰyo
シ ガン ピョ

□ 料金
요금
yo gum
ヨ グム

□ 手荷物
수하물
su ha mul
ス ハ ムル

□ パスポート
여권
yo kkwon
ヨ クォン

交通

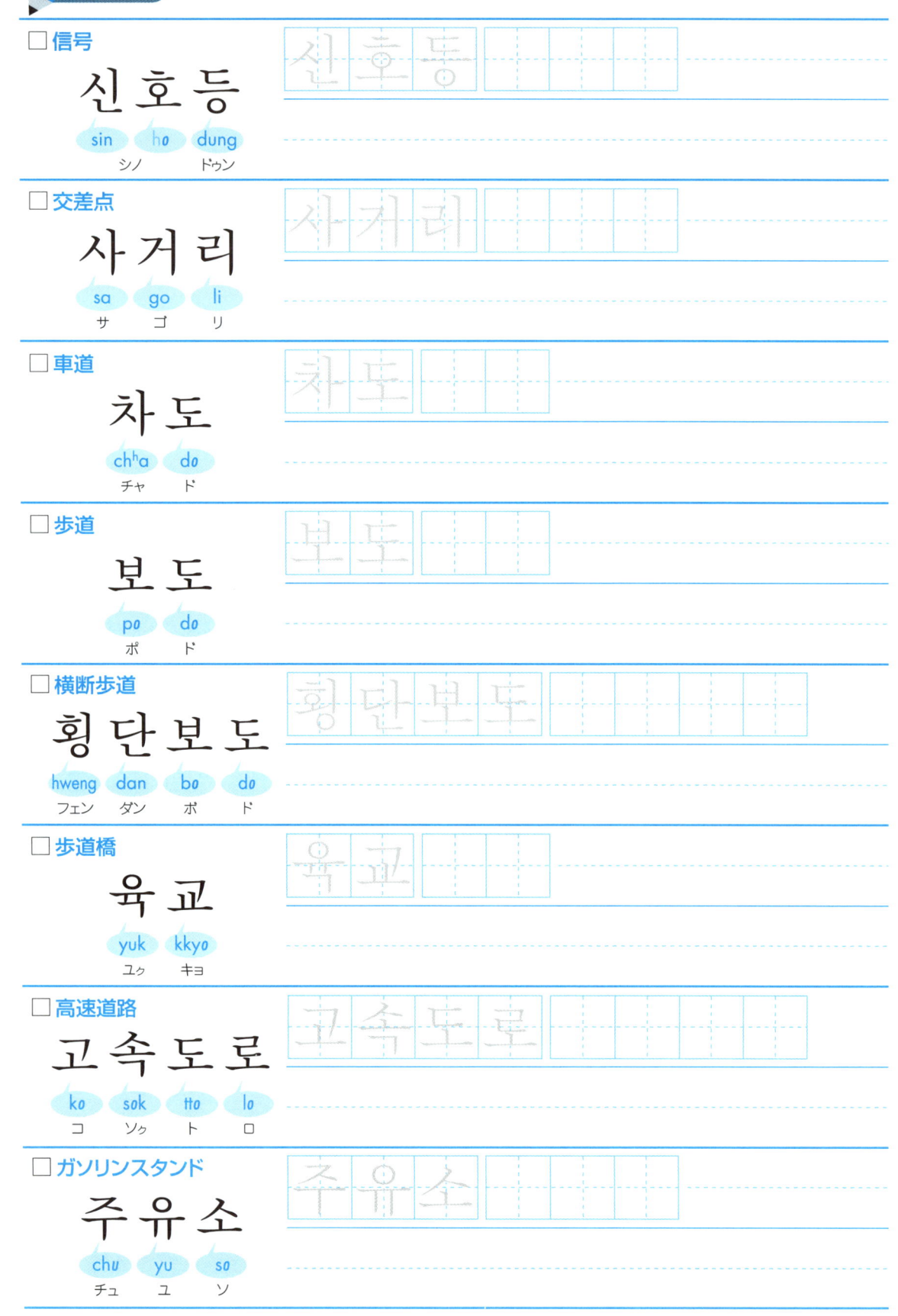

発音しながら、書いて覚えましょう。

- ☐ 信号
  신호등
  sin ho dung
  シノ ドゥン

- ☐ 交差点
  사거리
  sa go li
  サ ゴ リ

- ☐ 車道
  차도
  chʰa do
  チャ ド

- ☐ 歩道
  보도
  po do
  ポ ド

- ☐ 横断歩道
  횡단보도
  hweng dan bo do
  フェン ダン ボ ド

- ☐ 歩道橋
  육교
  yuk kkyo
  ユㇰ キョ

- ☐ 高速道路
  고속도로
  ko sok tto lo
  コ ソㇰ ト ロ

- ☐ ガソリンスタンド
  주유소
  chu yu so
  チュ ユ ソ

56

PART 3 ◆ シーン別単語を覚えよう

☐ 停留所
정류장
chong nyu jang
チョン ニュ ジャン

☐ 駅
역
yok
ヨㇰ

☐ 切符売り場
매표소
me pʰyo so
メ ピョ ソ

☐ 改札口
개찰구
ke chʰal gu
ケ チャル グ

☐ 港
항구
hang gu
ハン グ

☐ 空港
공항
kong hang
コン ハン

☐ 税関
세관
se gwan
セ グァン

☐ 搭乗口
탑승구
tʰap ssung gu
タㇷ゚ スン グ

57

宿泊

ホテル 発音しながら、書いて覚えましょう。

- ☐ 予約
  - 예약
  - ye / yak
  - イェ / ヤㇰ

- ☐ 取り消し
  - 취소
  - chʰwi / so
  - チュイ / ソ

- ☐ 宿泊
  - 숙박
  - suk / ppak
  - スㇰ / パㇰ

- ☐ 延長
  - 연장
  - yon / jang
  - ヨン / ジャン

- ☐ 空き部屋
  - 빈방
  - pin / bang
  - ピン / バン

- ☐ シングル
  - 싱글
  - sing / gul
  - シン / グル

- ☐ ツイン
  - 트윈
  - tʰu / win
  - トゥイン

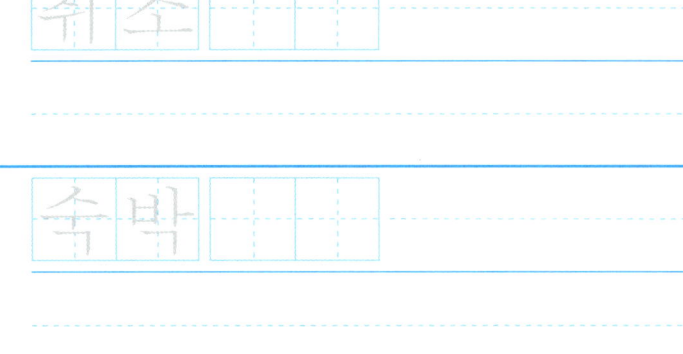

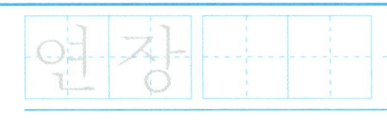

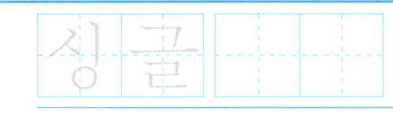

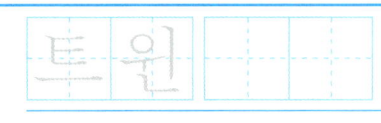

- ☐ ダブル
  - 더블
  - to / bul
  - ト / ブル

PART 3 ◆ シーン別単語を覚えよう

- □ フロント
  프론트
  pʰu lon tʰu
  プ ロン トゥ

- □ チェックイン
  체크인
  chʰe kʰu in
  チェ ク イン

- □ 非常口
  비상구
  pi sang gu
  ピ サン グ

- □ 部屋番号
  방번호
  pang bon ho
  パン ボノ

- □ 貴重品
  귀중품
  kwi jung pum
  クィ ジュン プム

- □ 鍵
  열쇠
  yol sswe
  ヨル セ

- □ チェックアウト
  체크아웃
  chʰe kʰu a ut
  チェ ク ア ウッ

59

ホテルのサービス

発音しながら、書いて覚えましょう。

- ☐ モーニングコール
  모닝콜
  mo ning kʰol
  モ ニン コル

- ☐ 朝食
  아침 식사
  a chʰim sik ssa
  ア チム シク サ

- ☐ ビュッフェ
  뷔 페
  pwi pʰe
  ブィ ペ

- ☐ ルームサービス
  룸 서 비 스
  lum so bi su
  ルム ソ ビ ス

- ☐ インターネット
  인 터 넷
  in tʰo net
  イン ト ネッ

- ☐ 掃除
  청 소
  chʰong so
  チョン ソ

- ☐ クリーニング
  세 탁
  se tʰak
  セ タク

- ☐ オンドル
  온 돌
  on dol
  オン ドル

※「オンドル」とは、韓国特有の床下暖房のことです。

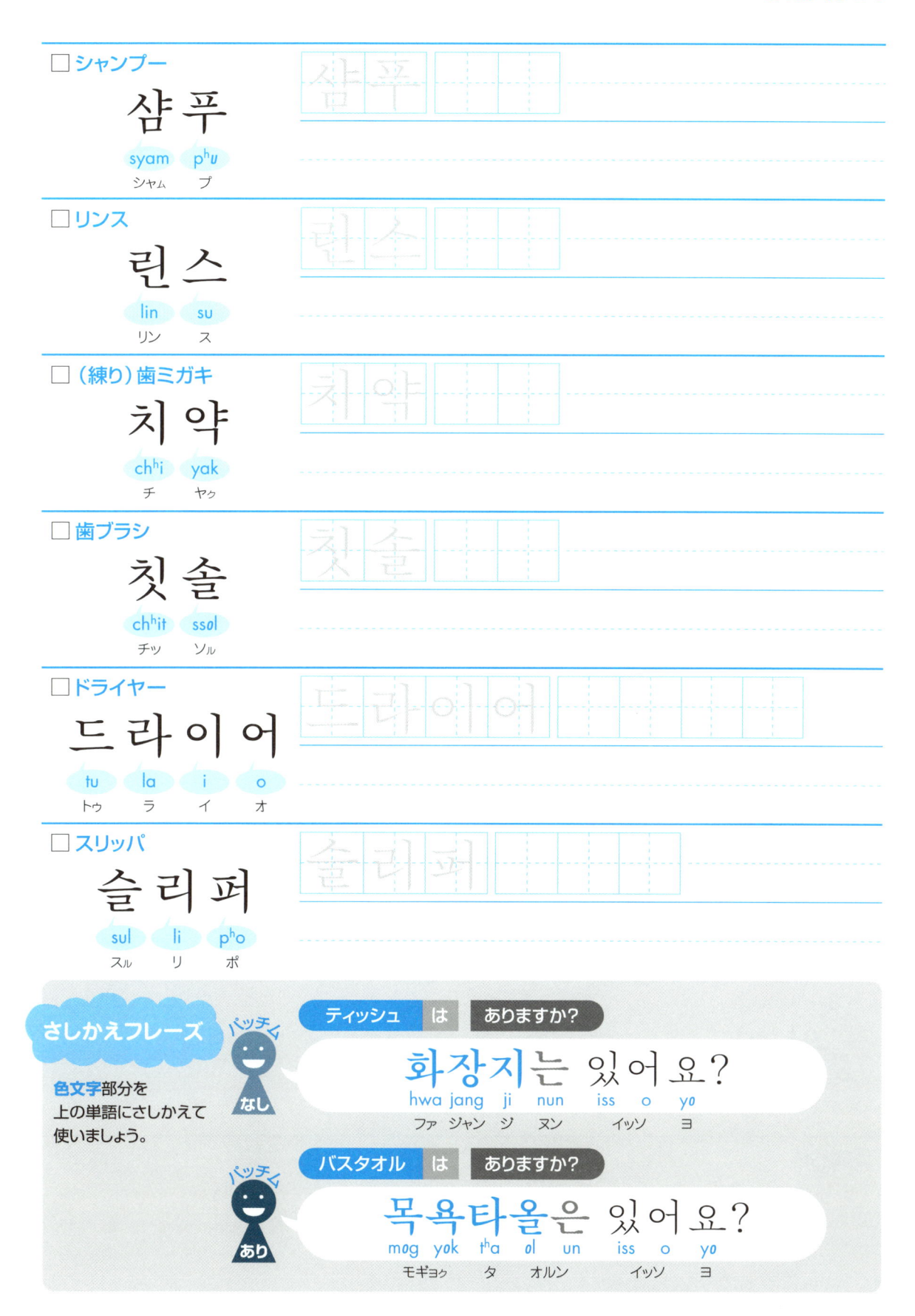

PART 3 ◆ シーン別単語を覚えよう

- □ シャンプー

  샴 푸

  syam pʰu
  シャム　プ

- □ リンス

  린 스

  lin su
  リン　ス

- □（練り）歯ミガキ

  치 약

  chʰi yak
  チ　ヤㇰ

- □ 歯ブラシ

  칫 솔

  chʰit ssol
  チッ　ソル

- □ ドライヤー

  드 라 이 어

  tu la i o
  トゥ　ラ　イ　オ

- □ スリッパ

  슬 리 퍼

  sul li pʰo
  スル　リ　ポ

さしかえフレーズ

色文字部分を上の単語にさしかえて使いましょう。

ティッシュ　は　ありますか？（パッチムなし）

화장지는 있어요?
hwa jang ji nun iss o yo
ファ　ジャン　ジ　ヌン　イッソ　ヨ

バスタオル　は　ありますか？（パッチムあり）

목욕타올은 있어요?
mog yok tʰa ol un iss o yo
モギョㇰ　タ　オルン　イッソ　ヨ

ショッピング / ファッション

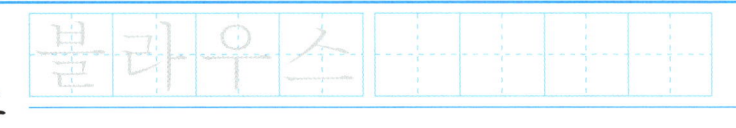

発音しながら、書いて覚えましょう。

□ 婦人服
부인복
pu in bok
プ イン ボク

□ 紳士服
신사복
sin sa bok
シン サ ボク

□ 子供服
아동복
a dong bok
ア ドン ボク

□ ブラウス
블라우스
pul la u su
プル ラ ウ ス

□ シャツ
셔츠
syo chʰu
ショ チュ

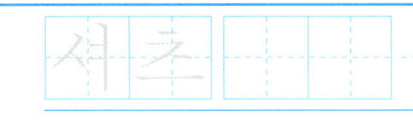

□ ジャケット
자켓
cha kʰet
チャ ケッ

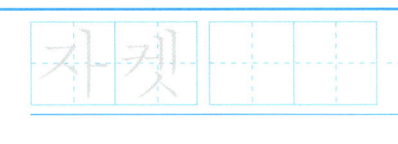

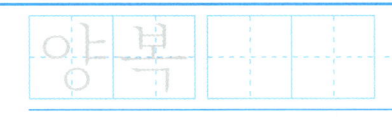

□ ワンピース
원피스
won pʰi su
ウォン ピ ス

□ スーツ
양복
yang bok
ヤン ボク

PART 3 ◆ シーン別単語を覚えよう

- □ ベスト
  ### 베스트
  pe su tʰu
  ペ ス トゥ

- □ セーター
  ### 스웨터
  su we tʰo
  ス ウェ ト

- □ カーディガン
  ### 가디건
  ka di gon
  カ ディ ゴン

- □ スカート
  ### 치마
  chʰi ma
  チ マ

- □ パンツ（ズボン）
  ### 바지
  pa ji
  パ ジ

- □ チマチョゴリ
  ### 한복
  han bok
  ハン ポㇰ

さしかえフレーズ

色文字部分をファッションの単語にさしかえて使いましょう。

パッチムなし

Tシャツ を ください。

티셔츠를 주세요.
tʰi syo chʰu lul chu se yo
ティ ショ チュ ルㇽ チュ セ ヨ

パッチムあり

靴下 を ください。

양말을 주세요.
yang mal ul chu se yo
ヤン マルㇽ チュ セ ヨ

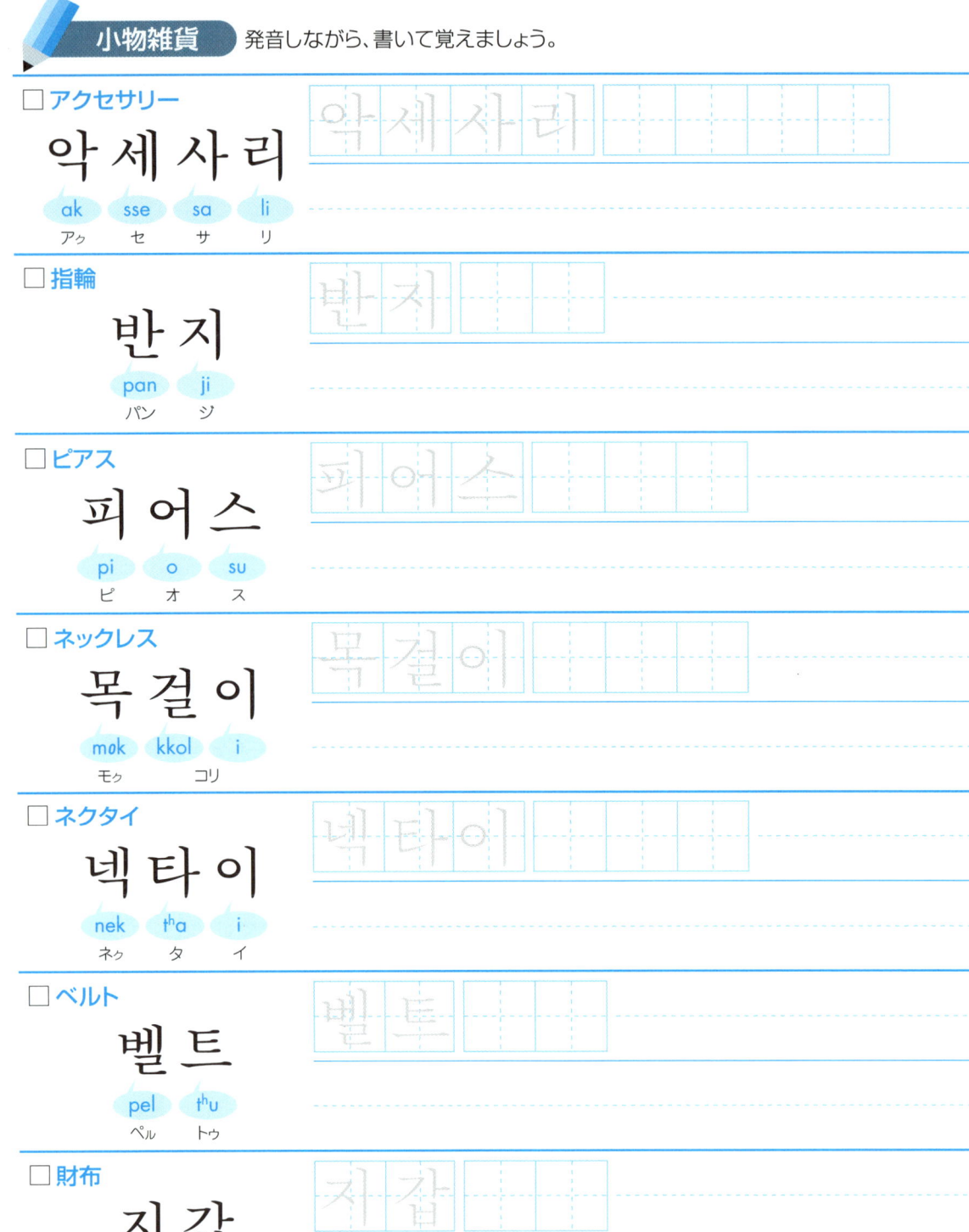

小物雑貨
発音しながら、書いて覚えましょう。

- **アクセサリー**
  악 세 사 리
  ak / sse / sa / li
  アㇰ / セ / サ / リ

- **指輪**
  반 지
  pan / ji
  パン / ジ

- **ピアス**
  피 어 스
  pi / o / su
  ピ / オ / ス

- **ネックレス**
  목 걸 이
  mok / kkol / i
  モㇰ / コリ

- **ネクタイ**
  넥 타 이
  nek / tʰa / i
  ネㇰ / タ / イ

- **ベルト**
  벨 트
  pel / tʰu
  ペル / トゥ

- **財布**
  지 갑
  chi / gap
  チ / ガㇷ゚

- **かばん**
  가 방
  ka / bang
  カ / バン

PART 3 ◆ シーン別単語を覚えよう

- □ ハンドバッグ
  핸드백
  hen du bek
  ヘン ドゥ ベク

- □ 靴
  구두
  ku du
  ク ドゥ

- □ 腕時計
  손목 시계
  son mok si ge
  ソン モク シ ゲ

- □ 手袋
  장갑
  chang gap
  チャン ガプ

- □ マフラー
  목도리
  mok tto li
  モク ト リ

- □ 帽子
  모자
  mo ja
  モ ジャ

- □ 日傘
  양산
  yang san
  ヤン サン

色　発音しながら、書いて覚えましょう。

□ 白
흰 색
huin sek
ヒン セㇰ

□ グレー
회 색
hwe sek
フェ セㇰ

□ 黒
검은 색
kom un sek
コムン セㇰ

□ 赤
빨간 색
ppal gan sek
パル ガン セㇰ

□ ピンク
핑크 색
pʰing kʰu sek
ピン ク セㇰ

□ 茶色
갈 색
kal ssek
カル セㇰ

□ 緑
녹 색
nok ssek
ノㇰ セㇰ

□ 青
파란 색
pʰa lan sek
パ ラン セㇰ

柄／素材

PART 3 ◆ シーン別単語を覚えよう

☐ 無地
무지
mu ji
ムジ

☐ ストライプ
줄 무늬
chul mu ni
チュル ム ニ

☐ 花柄
꽃 무늬
kkon mu ni
コン ム ニ

☐ ギンガムチェック
깅엄 체크
king om chʰe kʰu
キン オム チェ ク

☐ 綿
면
myon
ミョン

☐ 絹
비단
pi dan
ピ ダン

☐ 麻
마
ma
マ

☐ ウール
모
mo
モ

おみやげ
発音しながら、書いて覚えましょう。

☐ キーホルダー
열쇠걸이
yol sswe gol i
ヨル セ ゴリ

☐ ストラップ
스트랩
su tʰu lep
ス トゥ レプ

☐ 絵葉書
그림 엽서
ku lim nyop sso
ク リム ニョプ ソ

☐ 箸とさじのセット
수저
su jo
ス ジョ

☐ 食器
식기
sik kki
シク キ

☐ 骨董品
골동품
kol ttong pʰum
コル トン プム

☐ 陶磁器
도자기
to ja gi
ト ジャ ギ

☐ 化粧品
화장품
hwa jang pʰum
ファ ジャン プム

PART 3 ◆ シーン別単語を覚えよう

□ 伝統菓子
전통한과
chon tʰong han gwa
チョン トン ハン グァ

□ 伝統茶
전통차
chon tʰong chʰa
チョン トン チャ

□ 伝統酒
전통주
chon tʰong ju
チョン トン ジュ

□ マッコリ
막걸리
mak kkol li
マㇰ コル リ

□ 海苔
김
kim
キㇺ

□ キムチ
김치
kim chʰi
キㇺ チ

さしかえフレーズ

色文字部分をおみやげの単語にさしかえて使いましょう。

パッチムなし

うちわ は いくらですか?

부채는 얼마예요?
pu chʰe nun ol ma ye yo
プ チェ ヌン オル マ エ ヨ

パッチムあり

筆箱 は いくらですか?

필통은 얼마예요?
pʰil tʰong un ol ma ye yo
ピル トン ウン オル マ エ ヨ

観光

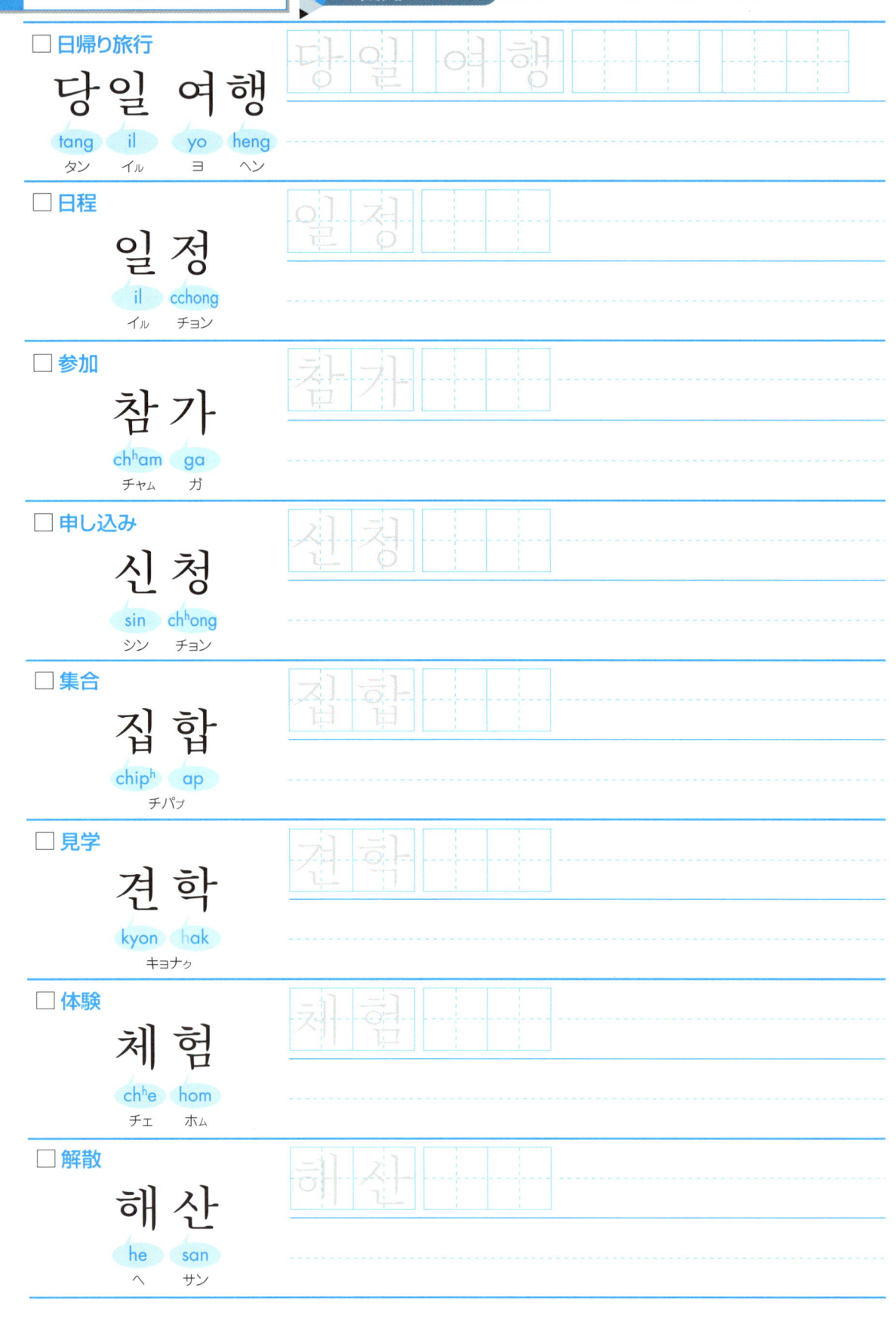

観光ツアー
発音しながら、書いて覚えましょう。

□ 日帰り旅行
당일 여행
tang il yo heng
タン イル ヨ ヘン

□ 日程
일 정
il cchong
イル チョン

□ 参加
참 가
chʰam ga
チャム ガ

□ 申し込み
신 청
sin chʰong
シン チョン

□ 集合
집 합
chipʰ ap
チパプ

□ 見学
견 학
kyon hak
キョナㇰ

□ 体験
체 험
chʰe hom
チェ ホム

□ 解散
해 산
he san
ヘ サン

PART 3 ◆ シーン別単語を覚えよう

□ 名所
명소
myong so
ミョン ソ

□ 城
성
song
ソン

□ 民俗村
민속촌
min sok chʰon
ミン ソㇰ チョン

□ 夜景
야경
ya gyong
ヤ ギョン

□ カメラ
카메라
kʰa me la
カ メ ラ

□ 撮影
촬영
chʰwal yong
チャリョン

□ ガイド
가이드
ka i du
カ イ ドゥ

※「民俗村」とは、韓国の伝統的な集落が保存されている施設です。

71

エステ／娯楽

発音しながら、書いて覚えましょう。

- □ サウナ
  사우나
  sa u na
  サ ウ ナ

- □ 汗蒸幕
  한증막
  han jung mak
  ハン ジュン マㇰ

- □ 垢すり
  때밀이
  tte mil i
  テ ミ リ

- □ エステ
  에스테틱
  e su tʰe tʰik
  エ ス テ テイㇰ

- □ マッサージ
  마사지
  ma sa ji
  マ サ ジ

- □ ネイルサロン
  네일살롱
  ne il sal long
  ネ イル サル ロン

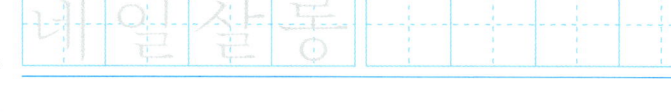

そのままフレーズ

そのまま覚えれば便利に使えるフレーズです。

ちょっと痛いです。
좀 아파요.
chom a pʰa yo
チョム ア パ ヨ

きゅうりパックしてください。
오이팩 해 주세요.
o i pʰek he chu se yo
オ イ ペㇰ ヘ チュ セ ヨ

※「汗蒸幕」とは、韓国式のサウナのことです。

PART 3 ◆ シーン別単語を覚えよう

□ 舞踊
무용
mu yong
ム　ヨン

□ 仮面劇
탈춤
tʰal chʰum
タル　チュム

□ NANTA（ナンタ）
난타
nan tʰa
ナン　タ

□ 話題作
화제작
hwa je jak
ファ　ジェ　ジャㇰ

□ 上演
상연
sang yon
サン　ヨン

□ カラオケ
노래방
no le bang
ノ　レ　バン

□ マイク
마이크
ma i kʰu
マ　イ　ク

□ 歌
노래
no le
ノ　レ

※「NANTA」とは、キッチン器具を楽器として用いたパフォーマンス・ショー（セリフのない劇）です。

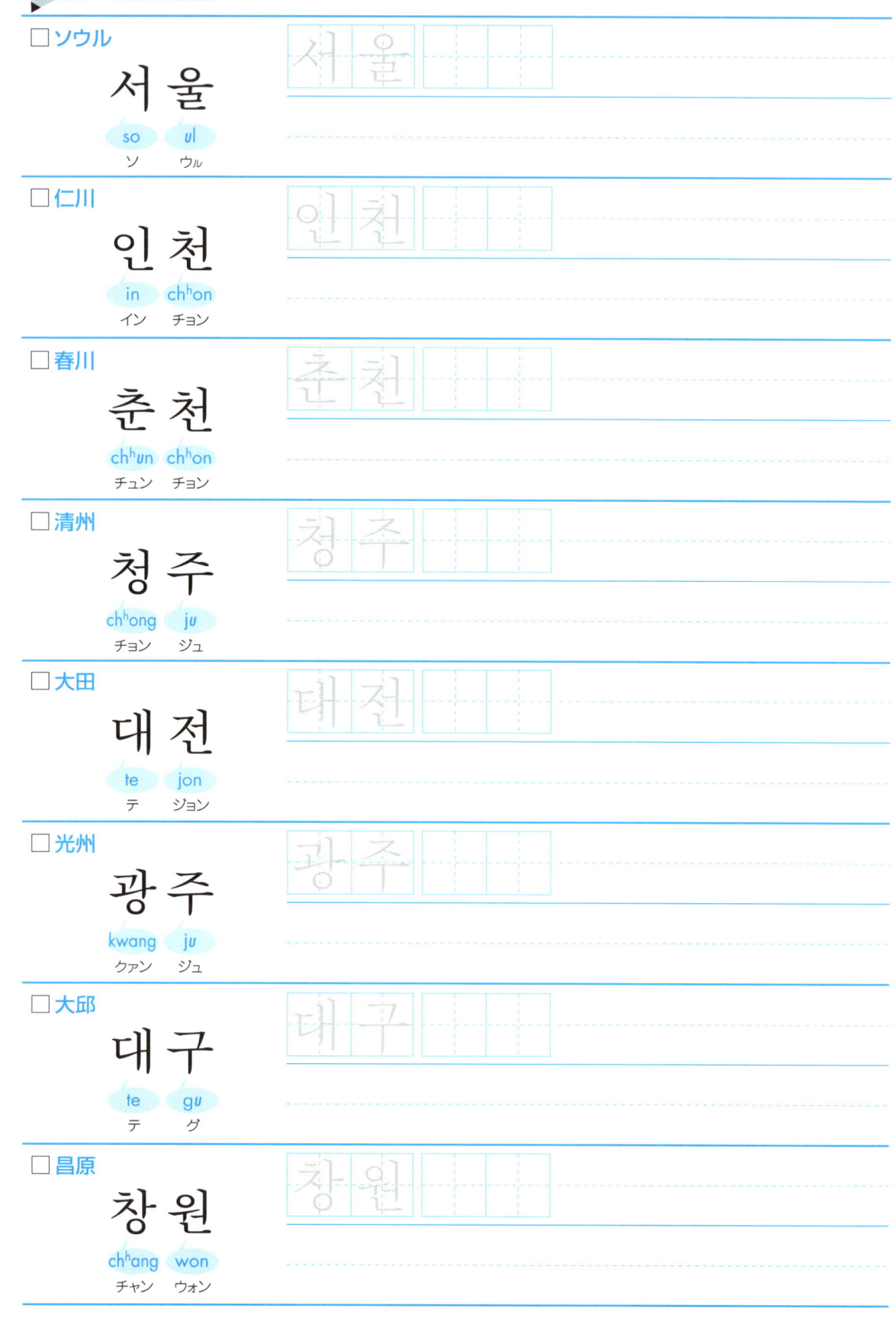

韓国の地名　発音しながら、書いて覚えましょう。

□ ソウル

서울
so　ul
ソ　ウル

□ 仁川

인천
in　chʰon
イン　チョン

□ 春川

춘천
chʰun　chʰon
チュン　チョン

□ 清州

청주
chʰong　ju
チョン　ジュ

□ 大田

대전
te　jon
テ　ジョン

□ 光州

광주
kwang　ju
クァン　ジュ

□ 大邱

대구
te　gu
テ　グ

□ 昌原

창원
chʰang　won
チャン　ウォン

PART 3 ◆ シーン別単語を覚えよう

- □ 全州
  - 전주
  - chon ju
  - チョン ジュ

- □ 釜山
  - 부산
  - pu san
  - プ サン

- □ 済州島
  - 제주도
  - che ju do
  - チェ ジュ ド

- □ 京畿道
  - 경기도
  - kyong gi do
  - キョン ギ ド

- □ 江原道
  - 강원도
  - kang won do
  - カン ウォン ド

- □ 忠清道
  - 충청도
  - chʰung chʰong do
  - チュン チョン ド

- □ 慶尚道
  - 경상도
  - kyong sang do
  - キョン サン ド

- □ 全羅道
  - 전라도
  - chol la do
  - チョル ラ ド

75

レストラン

カトラリー

発音しながら、書いて覚えましょう。

□ 箸
젓가락
chot kka lak
チョッ カ ラㇰ

□ スプーン
숟가락
sut kka lak
スッ カ ラㇰ

□ フォーク
포크
pʰo kʰu
ポ ク

□ ナイフ
나이프
na i pʰu
ナ イ プ

□ お椀
그릇
ku lut
ク ルッ

□ 皿
접시
chop ssi
チョプ シ

□ コップ
컵
kʰop
コプ

調味料

PART 3 ◆ シーン別単語を覚えよう

- □ 塩
  소금
  so / gum
  ソ / グム

- □ コショウ
  후추
  hu / chʰu
  フ / チュ

- □ 唐辛子味噌
  고추장
  ko / chʰu / jang
  コ / チュ / ジャン

- □ 酢
  식초
  sik / chʰo
  シク / チョ

- □ 醤油
  간장
  kan / jang
  カン / ジャン

- □ 砂糖
  설탕
  sol / tʰang
  ソル / タン

- □ ゴマ
  깨
  kke
  ケ

- □ カラシ
  겨자
  kyo / ja
  キョ / ジャ

77

食材

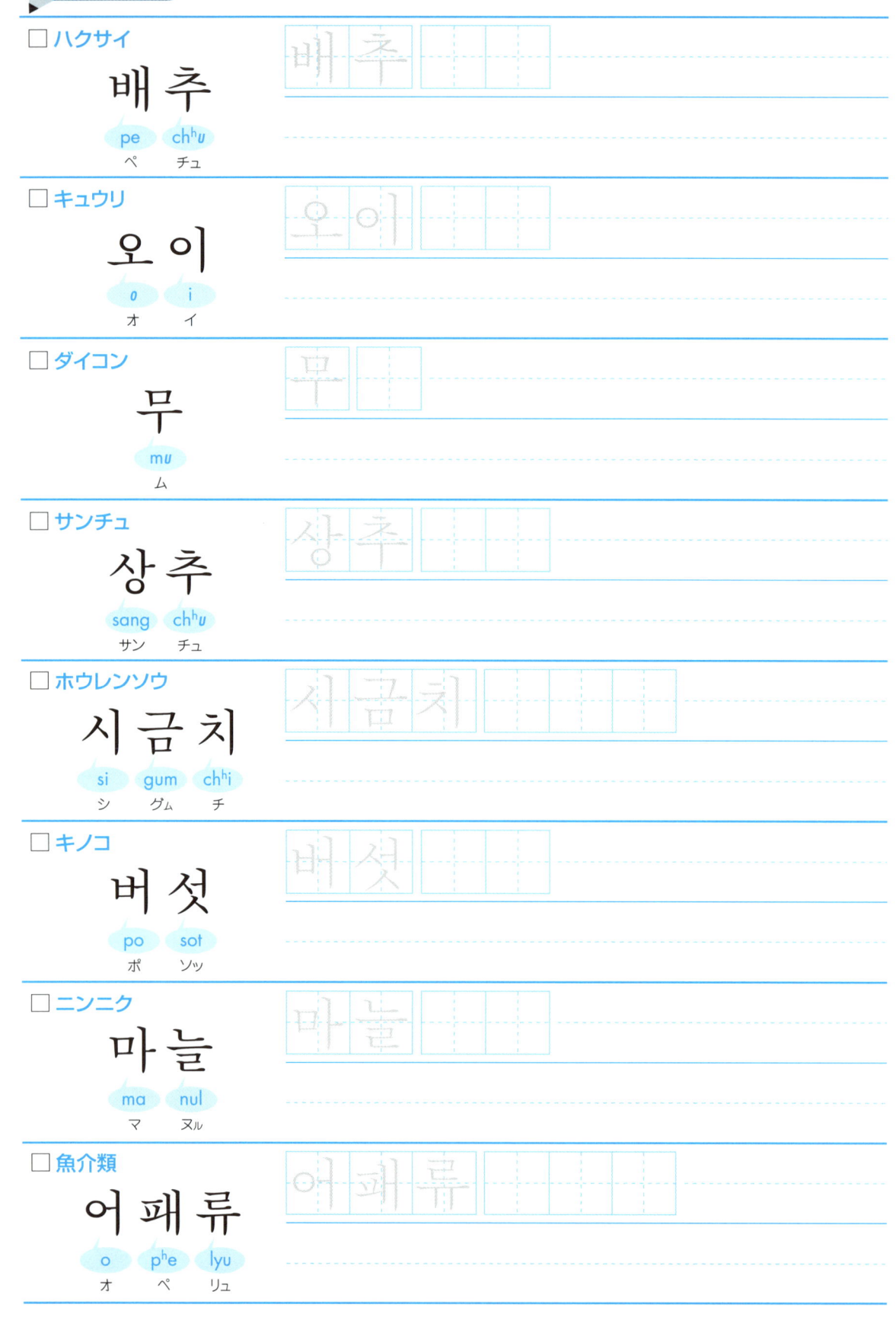

発音しながら、書いて覚えましょう。

- □ ハクサイ
  배추 — pe chʰu / ペ チュ

- □ キュウリ
  오이 — o i / オ イ

- □ ダイコン
  무 — mu / ム

- □ サンチュ
  상추 — sang chʰu / サン チュ

- □ ホウレンソウ
  시금치 — si gum chʰi / シ グム チ

- □ キノコ
  버섯 — po sot / ポ ソッ

- □ ニンニク
  마늘 — ma nul / マ ヌル

- □ 魚介類
  어패류 — o pʰe lyu / オ ペ リュ

PART 3 ◆ シーン別単語を覚えよう

☐ イカ
오징어
o jing o
オ ジン オ

☐ タコ
문어
mun o
ムノ

☐ エビ
새우
se u
セ ウ

☐ 鶏肉
닭고기
tak kko gi
タㇰ コ ギ

☐ 豚肉
돼지고기
twe ji go gi
テ ジ ゴ ギ

☐ 牛肉
쇠고기
swe go gi
セ ゴ ギ

☐ 卵
계란
ke lan
ケ ラン

☐ 豆腐
두부
tu bu
トゥ ブ

79

飲み物

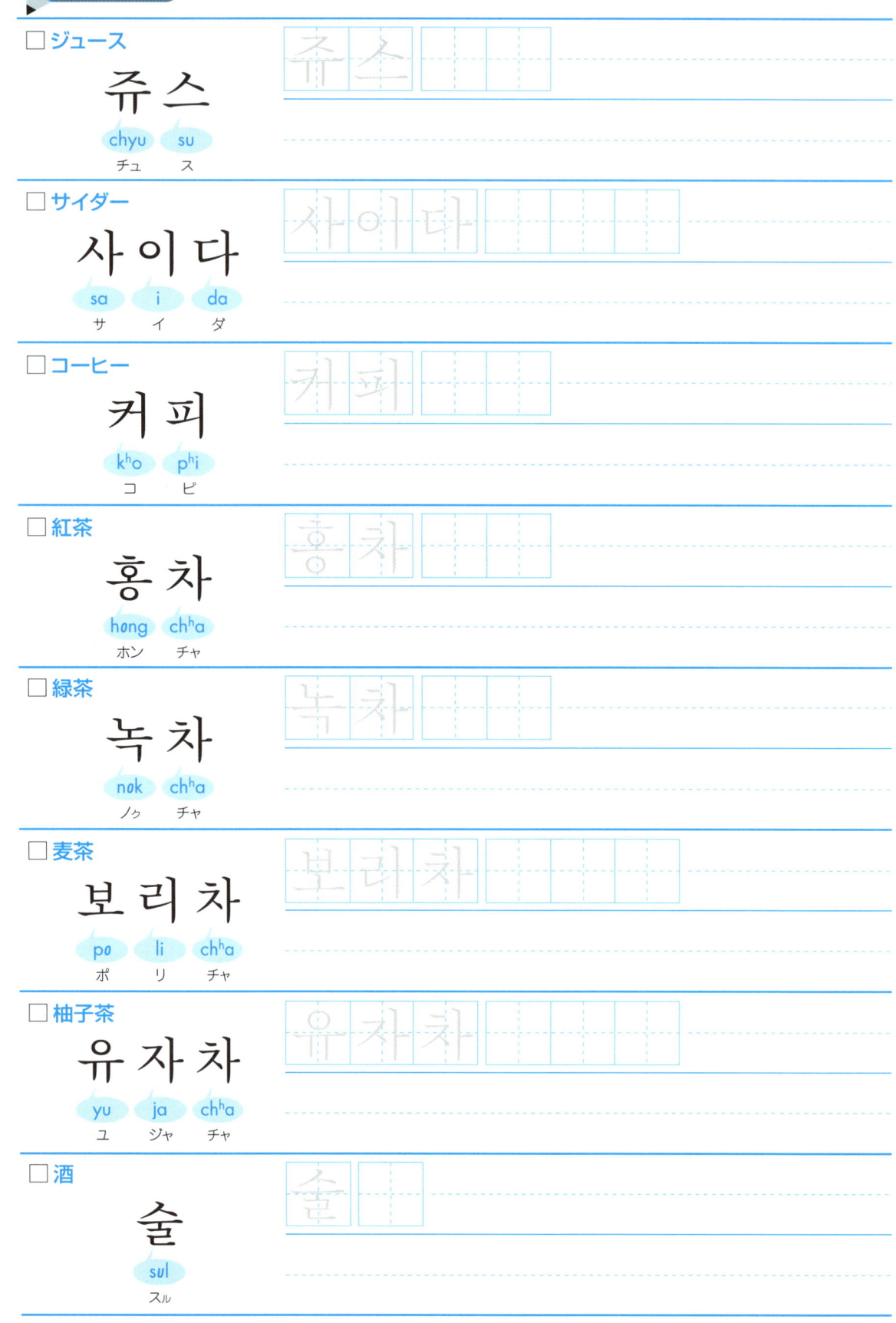

発音しながら、書いて覚えましょう。

- ☐ ジュース
  쥬스
  chyu su
  チュ ス

- ☐ サイダー
  사이다
  sa i da
  サ イ ダ

- ☐ コーヒー
  커피
  kʰo pʰi
  コ ピ

- ☐ 紅茶
  홍차
  hong chʰa
  ホン チャ

- ☐ 緑茶
  녹차
  nok chʰa
  ノㇰ チャ

- ☐ 麦茶
  보리차
  po li chʰa
  ポ リ チャ

- ☐ 柚子茶
  유자차
  yu ja chʰa
  ユ ジャ チャ

- ☐ 酒
  술
  sul
  スル

PART 3 ◆ シーン別単語を覚えよう

□ ビール
맥주
mek cchu
メㇰ チュ

□ ワイン
와인
wa in
ワ イン

□ 焼酎
소주
so ju
ソ ジュ

□ ウィスキー
위스키
wi su kʰi
ウィ ス キ

□ 清酒
청주
chʰong ju
チョン ジュ

さしかえフレーズ

色文字部分を飲み物を表す単語にさしかえて使いましょう。

| メニュー | ください。 |

메뉴 주세요.
me nyu chu se yo
メ ニュ チュ セ ヨ

| お水 | ください。 |

물 주세요.
mul chu se yo
ムㇽ チュ セ ヨ

81

メニュー
発音しながら、書いて覚えましょう。

- ☐ 焼肉
  불고기
  pul / go / gi
  プル / ゴ / ギ

- ☐ カルビ
  갈비
  kal / bi
  カル / ビ

- ☐ 豚の三枚肉
  삼겹살
  sam / gyop / ssal
  サム / ギョプ / サル

- ☐ キムチチゲ
  김치찌개
  kim / chʰi / cchi / ge
  キム / チ / チ / ゲ

- ☐ 参鶏湯
  삼계탕
  sam / ge / tʰang
  サム / ゲ / タン

- ☐ 冷麺
  냉면
  neng / myon
  ネン / ミョン

- ☐ ジャージャー麺
  자장면
  cha / jang / myon
  チャ / ジャン / ミョン

- ☐ 春雨炒め
  잡채
  chap / chʰe
  チャプ / チェ

PART 3 ◆ シーン別単語を覚えよう

☐ チヂミ
지짐이
chi jim i
チ　ジミ

☐ クッパ
국밥
kuk ppap
クㇰ　パㇷ゚

☐ ビビンバ
비빔밥
pi bim ppap
ピ　ビム　パㇷ゚

☐ ナムル
나물
na mul
ナ　ムル

☐ ご飯
밥
pap
パㇷ゚

☐ 韓定食
한정식
han jong sik
ハン　ジョン　シㇰ

さしかえフレーズ

色文字部分を料理を表す単語にさしかえて使いましょう。

パッチムなし

ここは | キムチ | が | おいしいです。

여기는 김치가 맛있어요.
yo gi nun　kim chʰi ga　mas iss o yo
ヨ　ギ　ヌン　キム　チ　ガ　マシッソ　ヨ

パッチムあり

ここは | お粥 | が | おいしいです。

여기는 죽이 맛있어요.
yo gi nun　chug i　mas iss o yo
ヨ　ギ　ヌン　チュギ　マシッソ　ヨ

83

形容詞を覚えよう

サイズや量などを表す形容詞を「です・ます」形にして覚えましょう。

です・ます形

形容詞/動詞の原形（辞書に載っている形）を「です・ます」形にするには

語尾の **다** をとる（**語幹**を作る） → 語幹の母音を見る

語幹の母音 = ㅏㅗ + 아요 (a-yo アヨ)

語幹の母音 = ㅏㅗ以外 + 어요 (o-yo オヨ)

1行めは原形のまま、2〜3行めには「です・ます」形を練習しましょう。

☐ 小さい

작다
chak / tta
チャㇰ / タ

原形→ 작다
です・ます形→ 자아요

☐ 長い

길다
kil / da
キル / ダ

길다
길어요

☐ 短い

짧다
cchal / tta
チャル / タ

짧다
짧아요

☐ 良い

좋다
cho / ᵗha
チョ / タ

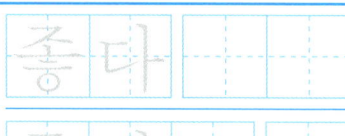

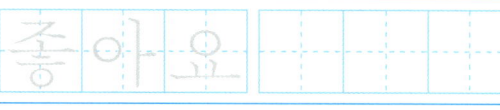

좋다
좋아요

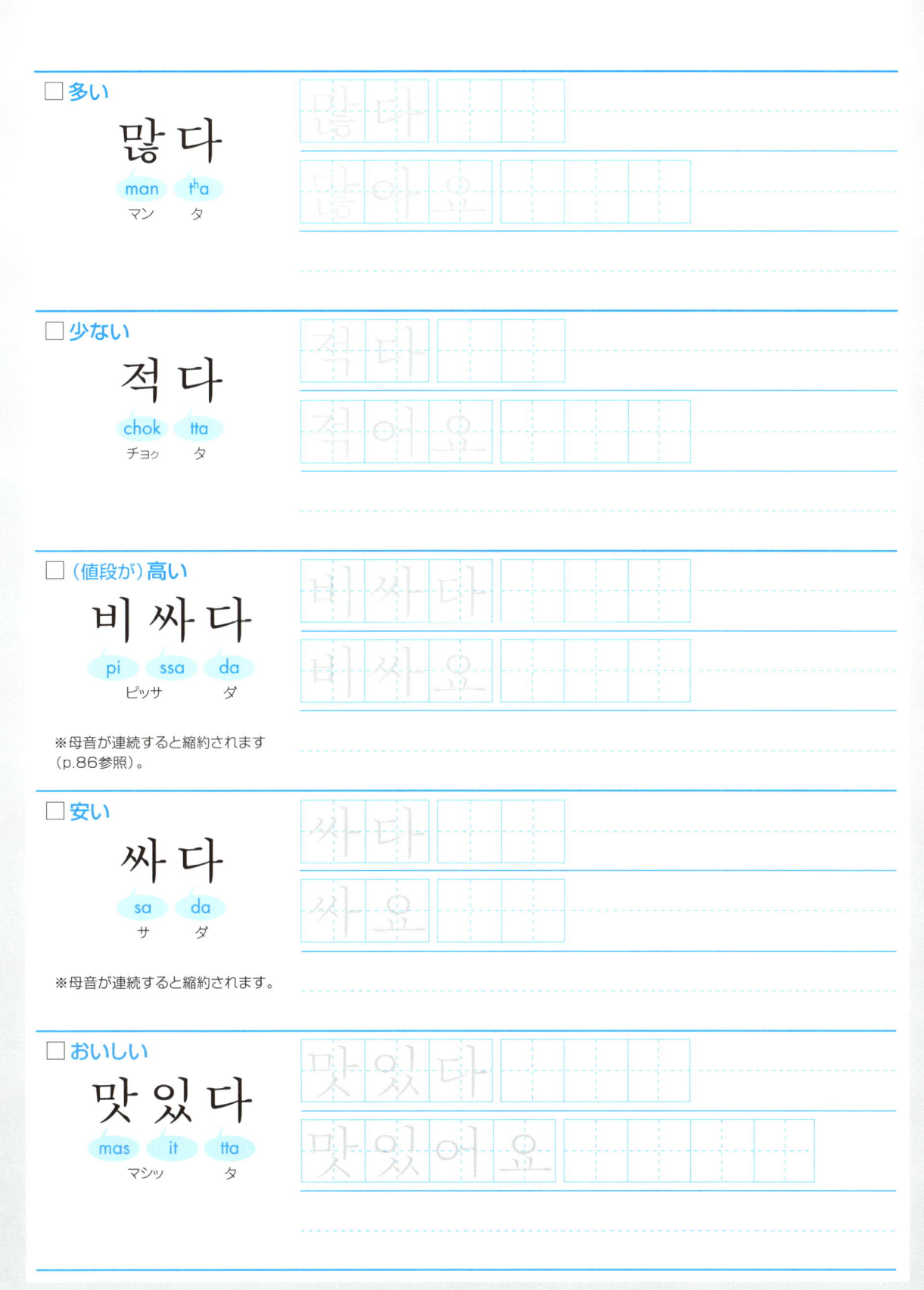

PART 3 ◆ シーン別単語を覚えよう

☐ 多い

많다

man / tʰa
マン / タ

☐ 少ない

적다

chok / tta
チョㇰ / タ

☐ (値段が)高い

비싸다

pi / ssa / da
ピッサ / ダ

※母音が連続すると縮約されます（p.86参照）。

☐ 安い

싸다

sa / da
サ / ダ

※母音が連続すると縮約されます。

☐ おいしい

맛있다

mas / it / tta
マシッ / タ

85

動詞を覚えよう

1行めは原形のまま、2〜3行めには「です・ます」形を練習しましょう。

☐ わかる

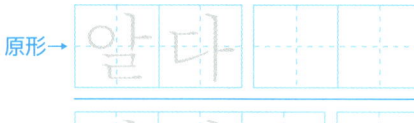

알다
al / da
アル ダ

原形→ 알다
です・ます形→ 알아요

☐ 作る

만들다
man / dul / da
マン ドゥル ダ

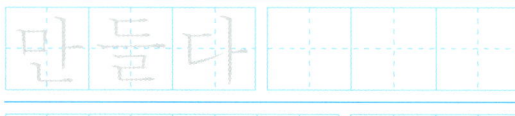

만들다
만들어요

☐ 食べる

먹다
mok / tta
モㇰ タ

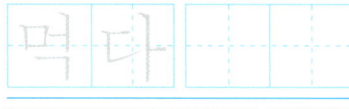

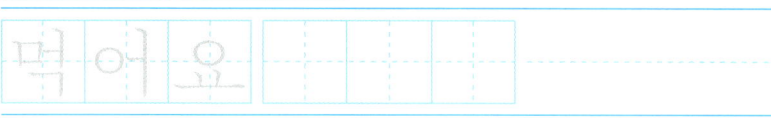

먹다
먹어요

☐ 遊ぶ

놀다
nol / da
ノル ダ

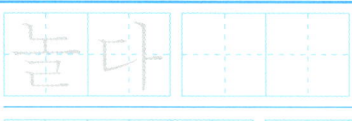

놀다
놀아요

●縮約される母音

語幹が母音で終わる(パッチムがない)動詞・形容詞に아요/어요を接続させると、連続する母音が縮約されます。

ㅏ+아요→ㅏ	가다 行く カダ	가 + 아요 → 가요 カヨ
ㅗ+아요→ㅘ	오다 来る オダ	오 + 아요 → 와요 ワヨ
ㅜ+어요→ㅝ	배우다 学ぶ ベウダ	배우 + 어요 → 배워요 ベウォヨ
ㅣ+어요→ㅕ	마시다 飲む マシダ	마시 + 어요 → 마셔요 マショヨ
ㅐ+어요→ㅐ	보내다 送る ポネダ	보내 + 어요 → 보내요 ポネヨ

PART 3 ◆ シーン別単語を覚えよう

☐ 買う

사다
sa da
サ ダ

사다
사요

☐ 会う

만나다
man na da
マン ナ ダ

만나다
만나요

☐ 見る

보다
pɔ da
ポ ダ

보다
봐요

☐ 待つ

기다리다
ki da li da
キ ダ リ ダ

기다리다
기다려요

☐ する

하다
ha da
ハ ダ

하다
해요

※**하다**(する)を「します」にする場合は例外的に**여요**(ヨヨ)がついて**해요**(ヘヨ)になります。

変則活用

変則的に活用するおもな形容詞／動詞を覚えましょう。

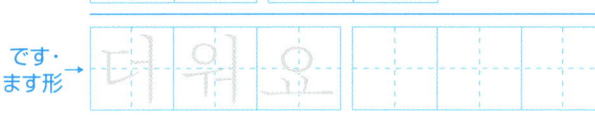

▼**語幹のパッチムが** ㅂ … ㅂが取れて、**워요**がつきます。

☐ 暑い

덥다
top tta
トプ タ

原形→ 덥다

です・ます形→ 더워요

☐ 寒い

춥다
chʰup tta
チュプ タ

춥다

추워요

☐ 難しい

어렵다
o lyop tta
オ リョプ タ

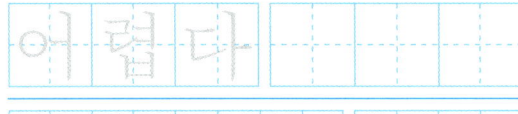

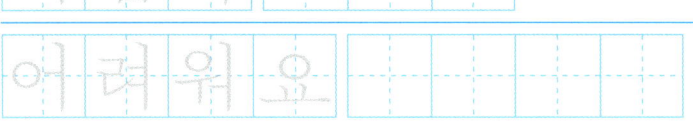

어렵다

어려워요

☐ からい

맵다
mep tta
メプ タ

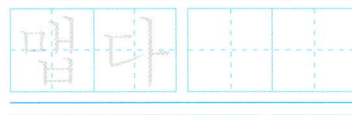

맵다

매워요

※語幹にパッチム ㅂ があっても、変則活用しないものもあります。

88

PART 3 ◆ シーン別単語を覚えよう

▼語幹の母音が ー

…ーを取り、その前の母音から**아요／어요**を選択。語幹の子音と合体します。

□ **大きい**

크다
kʰu da
ク ダ

크다
커요

※前に文字がない場合は**어요**を接続させます。

□ **かわいい**

예쁘다
ye ppu da
イェップ ダ

예쁘다
예뻐요

□ **忙しい**

바쁘다
pa ppu da
パップ ダ

바쁘다
바빠요

□ **痛い**

아프다
a pʰu da
ア プ ダ

아프다
아파요

□ **書く、使う**

쓰다
ssu da
ス ダ

쓰다
써요

※前に文字がない場合は**어요**を接続させます。

そのまま覚える かんたん表現

あいさつや呼びかけなどのフレーズを書いて覚えましょう。
★文法はさておき、そのまま覚えてしまいましょう。

▼あいさつと呼びかけ・返事

□ **こんにちは（安寧ですか？）。**

※直訳の「安寧ですか？」は「元気ですか？」という意味です。

안녕하세요?
an nyong ha se yo
アン ニョン ハ セ ヨ

안녕하세요?

□ **はじめまして（初めてお目にかかります）。**

※初対面の人には、文末が요ではなく다で終わる少しかしこまった表現を使います。

처음 뵙겠습니다.
ch^h u um pwep kket ssum ni da
チョ ウム ペプ ケッ スム ニ ダ

처음 뵙겠습니다.

□ **さようなら（安寧に行きなさい）。**

※その場から立ち去る人に対する別れのあいさつです。

안녕히 가세요.
an nyong hi ka se yo
アン ニョン ヒ カ セ ヨ

안녕히 가세요.

□ **さようなら（安寧にいなさい）。**

※その場にとどまる人に対する別れのあいさつです。

안녕히 계세요.
an nyong hi kye se yo
アン ニョン ヒ ケ セ ヨ

안녕히 계세요.

PART 3 ◆ シーン別単語を覚えよう

□ **また**会いましょう。

또 만납시다.
tto man nap ssi da
ト マン ナプ シ ダ

□ 失礼します。

실례합니다.
sil le ham ni da
シル レ ハム ニ ダ

□ **あの**、すみません！
※店員などに呼びかける
ときの表現です。

저, 여기요!
cho yo gi yo
チョ ヨ ギ ヨ

□ はい。

예.
ye
イェ

□ いいえ。

아뇨.
a nyo
ア ニョ

▼ **お礼とおわび**

☐ ありがとう。
※少しカジュアルな感謝の言葉です。

고마워요.
ko ma wo yo
コ マ ウォ ヨ

☐ ありがとうございます。

감사합니다.
kam sa ham ni da
カム サ ハム ニ ダ

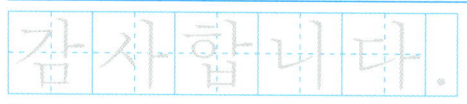

☐ ごめんなさい。

미안합니다.
mi an ham ni da
ミ アナム ニ ダ

☐ 申し訳ありません。
※少していねいなおわびの言葉です。

죄송합니다.
chwe song ham ni da
チェ ソン ハム ニ ダ

PART 3 ◆ シーン別単語を覚えよう

▼意思を伝える

☐ わかりました。

알겠습니다.
al get ssum ni da
アル ゲッ スム ニ ダ

☐ わかりません。

모르겠습니다.
mo lu get ssum ni da
モ ル ゲッ スム ニ ダ

☐ 好きです。

좋아합니다.
cho a ham ni da
チョ ア ハム ニ ダ

☐ 嫌いです。

싫어합니다.
sil o ham ni da
シロ ハム ニ ダ

▼ファンレター

□ ドラマに
はまっています。

드라마에 빠져 있어요.

tu la ma e　ppa jo　iss o yo
トゥ ラ マ エ　パ ジョ　イッソ　ヨ

□ 感動しました。

감동했어요.

kam dong hess o yo
カム ドン ヘッソ ヨ

□ ファンに
なりました。

팬이 됐어요.

pʰen i　twess o yo
ペニ　テッソ　ヨ

□ 愛してます。

사랑해요.

sa lang he yo
サ ラン ヘ ヨ

PART 3 ◆ シーン別単語を覚えよう

- [ ] とても素敵ですね。

참 멋지네요.
ch^ham　mot　cchi　ne　yo
チャム　モッ　チ　ネ　ヨ

- [ ] おしゃれですね。

멋쟁이네요.
mot　ccheng　i　ne　yo
モッ　チェン　イ　ネ　ヨ

- [ ] がんばってください。

열심히 하세요.
yol　sim　hi　ha　se　yo
ヨル　シミ　ハ　セ　ヨ

- [ ] ご活躍を楽しみにしています。

활약을 기대할게요.
hwal　yag　ul　ki　de　hal　kke　yo
ファリャグル　キ　デ　ハル　ケ　ヨ

95

監修／石田美智代
編集担当／遠藤英理子（永岡書店）
編集・制作・DTP／有限会社テクスタイド
カバーデザイン／白畠かおり
カバーイラスト／林なつこ

書いて覚える！
いちばんやさしい韓国語練習ノート
単語・フレーズ編

監修者／石田美智代
発行者／永岡純一
発行所／株式会社永岡書店
　　　　〒176-8518 東京都練馬区豊玉上1-7-14
　　　　電話：03-3992-5155（代表）
　　　　　　　03-3992-7191（編集）

印　刷／アート印刷社
製　本／ヤマナカ製本

本書の無断複写・複製・転載を禁じます。
落丁本・乱丁本はお取り替えいたします。㉕

ISBN978-4-522-43101-6 C2087